客家研究文丛·龙川历史文化书系
"十二五"国家重点图书出版规划

龙川名人

LONGCHUAN MINGREN

刘国钰 谭元亨 编著

主编 蓝智慧 曾乐晖

·本丛书为华南理工大学客家文化研究所与河源职业技术学院客家文化学院成果

华南理工大学出版社
SOUTH CHINA UNIVERSITY OF TECHNOLOGY PRESS
·广州·

图书在版编目（CIP）数据

龙川名人/刘国钰，谭元亨编著. —广州：华南理工大学出版社，2016.10

（客家研究文丛. 龙川历史文化书系 / 蓝智慧，曾乐晖主编）

"十二五"国家重点图书出版规划

ISBN 978-7-5623-4982-2

Ⅰ.①龙… Ⅱ.①刘… ②谭… Ⅲ.①名人-生平事迹-龙川县 Ⅳ.①K820.865.4

中国版本图书馆CIP数据核字（2016）第130717号

龙川名人

刘国钰　谭元亨　编著

出 版 人：	卢家明
出版发行：	华南理工大学出版社
	（广州五山华南理工大学17号楼，邮编510640）
	http://www.scutpress.com.cn　E-mail: scutc13@scut.edu.cn
	营销部电话：020-87113487　87111048（传真）
策划编辑：	乔　丽
责任编辑：	李良婷
印 刷 者：	广州星河印刷有限公司
开　　本：	787mm×960mm　1/16　印张：17.25　字数：232千
版　　次：	2016年10月第1版　2016年10月第1次印刷
定　　价：	54.00元

版权所有　盗版必究　印装差错　负责调换

客家研究文丛
龙川历史文化书系

龙川

总　序

龙川，是岭南第一个立县的地方，也就是说，古老的华夏文明，尤其是制度文明，最早得以在岭南生根发芽，长成参天大树，正是有赖于龙川这块风水宝地。

因此，龙川当之无愧为岭南文化的发祥地。

同样，在土地革命时期，龙川是中央苏区的南部屏障。凭此，龙川成为中央最早确认的广东几个苏区县之一。历史再度赋予龙川伟大的使命，使其无负于两千多年前在岭南率先立县的荣光。

仅凭这两条，龙川足以在南中国擎天而立，支撑起两千多年的古代与现代的文明。

龙川还是客家古邑，佗城近200个姓氏，记载了客家人万里长旅、千年迁徙的移民历史，更证明了客家人所承载的悠久的历史文化是何等的辉煌，展示了客家人用血汗与智慧开创的古老而灿烂的农耕文明以及近代的海洋文明！

物华天宝，人杰地灵。蜿蜒而行的东江水、负有"客家圣山"美誉的霍山奇峰……龙川的美景多不胜数。龙川更是"人杰"的荟萃之地，在岁月的空间中光芒四射！如任龙川县令后又成为南越王的赵佗，一代名相吴潜，大诗人苏轼、苏辙兄弟，当然，还有在粤港大营救中曾在这里得救的柳亚子、茅盾、邹韬奋等上百位文化名人。

历数龙川的自然风光、人文历史，无不让人荡气回肠、激奋不已。

继往开来的重任也就落在了我们肩上：如何守护、发扬龙川两千多年光荣的历史文化传统？如何珍惜、保护龙川数千平方公里的自然物

客家研究文丛·龙川历史文化书系

编委会

主　　任：黄添胜　　杨利华

主　　编：蓝智慧　　曾乐晖

执行主编：谭元亨

副 主 编：吴潇峰　　吴良生

编　　委：（按姓氏笔画排序）

马建成　　王元林　　王受庆　　王洪涛

叶细初　　叶国新　　朱光进　　刘凯华

刘国钰　　李　斌　　巫展涛　　吴明民

邹晋开　　张鉴林　　郑紫苑　　敖叶湘琼

黄　跃　　黄小成　　蒋武生　　魏庆平

质文化遗产？如何让龙川在未来的岁月里熠熠闪光……我们应有所担当。

时值全民读书的盛大节日，国家力推地域文化及乡土教材，让一代又一代人更了解生我养我的土地，在历任县委、县政府的支持、重视下，我们组织编纂了这套"龙川历史文化书系"，共10册，它们是：

"三色龙川"——《古色龙川》《红色龙川》《绿色龙川》。

弘扬历史文化、激励后人奋发的《龙川名人》《龙川诗文》《龙川非遗》。

"三古龙川"——《龙川古祠》《龙川古村》《龙川古道》。

而以文学笔调导引旅人的《行走龙川》，则笔下生花，让人回味无穷。

龙川的山水画卷、人文画卷凭此徐徐打开，令龙川人为之自豪，加以认同，并且更增强使命感。

一个地方，总是凭借其深厚的历史文化传统不断地拓展其发展空间，这是一个不断传承、永无止境的伟大进程。我们不仅用文字来铭记这一进程，更用书推动这一进程，以文化论输赢，这已是颠扑不破的真理。

让我们以此共勉。

本丛书的编写和出版得到了前两任书记段邦贤、韦钦强同志的支持，在此表示感谢，并同时感谢编纂这套丛书的专家、学者们！

作者系中共龙川县委书记

2016年9月

目 录
MULU

名人篇

引言	002
赵　佗（？—公元前137）	004
韦昌明（唐代，生卒年不详）	011
王汝砺（北宋，生卒年不详）	014
罗　恺（1012—1076）	017
苏　辙（1039—1112）	020
罗孟郊（1092—1153）	027
吴　潜（1196—1262）	031
巫三祝（1594—？）	035
刘政一（北宋，生卒年不详）	038
宋　翊（南宋，生卒年不详）	038
李梦吕（南宋，生卒年不详）	039
巫　荣（清，生卒年不详）	039
黄　沄（清，生卒年不详）	040
叶铭熙（约1782—？）	044

张子筠（1837—1878）　　　　　　　　　046

张镇江（1847—1941）　　　　　　　　　047

吴德亿（1916—1942）　　　　　　　　　049

邬保良（1900—1955)　　　　　　　　　051

张化如（1877—1959）　　　　　　　　　052

魏秋环（1923—1970）　　　　　　　　　058

黄　强（1888—1974)　　　　　　　　　059

彭赤霞（1877—1976）　　　　　　　　　060

陈　超（1923—1980）　　　　　　　　　062

萧　殷（1915—1983）　　　　　　　　　064

李永川（1903—1984）　　　　　　　　　070

曾宪文（1908—1984）　　　　　　　　　072

黄麟书（1893—1997）　　　　　　　　　074

彭天柱（1916—1997）　　　　　　　　　077

廖士毅（1918—1998）　　　　　　　　　080

魏南金（1914—2001）　　　　　　　　　082

张道隆（1901—2002）　　　　　　　　　085

龙川名人

叶惠南（1911—2003） 087

罗致平（1911—2005） 088

黄良坤（1932—2008） 091

何福添（1933—2008） 095

邓锦生（1916—2010） 097

何海澄（1933—2015） 099

张克明（1913—2016） 102

黄石华（1919—2016） 106

郑　群（1921—　） 112

叶绿野（1922—　） 115

容柏生（1930—　） 118

谢逢松（1932—　） 119

谢国雄（1933—　） 122

何添发（1938—　） 124

陈荣琚（1938—　） 125

陈建中（1939—　） 128

钟阳胜（1948—　） 131

吴惠权（1956— ）	134
钟秀娥（1974— ）	137

英烈篇

引言	142
黄超凡（1900—1926）	144
黄　克（1905—1928）	150
黄居仁（1904—1928）	156
骆均光（1901—1929）	168
谢火龙（1883—1929）	172
叶　卓（1891—1930）	174
骆达才（1901—1931）	179
崔　兰（1904—1931）	183
刘琴西（1896—1932）	185
邹泰安（1905—1932）	190
黄明近（1891—1933）	193

刘华五（1899—1934）	196
古　柏（1906—1935）	201
罗屏汉（1907—1935）	208
罗　嘉（1920—1941）	215
陈丽川（1903—1942）	219
黄觉群（1879—1941）	227
李良仁（1899—1944）	231
张民宪（1920—1945）	234
黄慈宽（1914—1947）	241
李　荣（1875—1949）	247
魏　强（1925—1949）	250
欧阳珍（1923—1949）	255
坚守茶活炮楼的十八烈士	260
参考文献	264

龙川名人

LONGCHUAN MINGREN

名人篇

引 言

龙川，被誉为"客家古邑"。

一个"古"字，使人感受到龙川在客家历史上，乃至华夏文明史上的沉甸甸的分量。

迄今为止，龙川立县已有2200多年了。在岭南，它是最早立县的古邑之一。当时的龙川县域，北达江西南部，东至福建的南端，南接浩瀚无际的大海，几乎有当今半个广东省那么大。但它的意义，不仅仅是面积之大，更在于，中华的制度文化第一次在这里扎下了根，从而发芽、抽枝、长叶，成了一棵根深叶茂的大树，屹立在东方。

从赵佗率大军南下，到今日的新中国将军；

从霍龙隐居龙川读书，到当下的文人荟萃；

从一代名相关潜，到主政南粤的众多精英；

……

堪称"物华天宝，人杰地灵"。

客家族群，从上千年的历史风雨中走来，纵然创伤累累、九死一生，可他们从来就没在横逆面前退缩，从而获得"硬颈"的美名。

他们牢记祖训"宁卖祖宗田，不卖祖宗言"，视"立言"为自己安身立命之所。"言"，便是文化，便是精神的故乡、心灵的寓所。千年风雨，这个族群历尽艰险，从蛰伏到崛起，从自在走向自为与自觉。

《春秋》云：人之所以为人者，言也。人而不能言，何以为人。

于是，到了近代，客家人大声发言了，从辛亥革命到土地革命，尤其是抗日战争——"硬颈"的客家人，每每令敌寇望而却步。

这本《龙川名人》，立的，也是警示后世之"言"，让后来人知道历史是怎么走过来的，历史是靠多少"硬颈"的仁人志士支撑起来的，历史如何靠"言"而成为不可磨灭的记忆——这便是我们的本意。

龙川历史悠久，人文荟萃，由于篇幅有限，不能一一收录，有不到之处，望理解与包涵。希望在今后的修订与增补中完善。

赵 佗（？—公元前137）

赵佗，汉族，秦朝恒山郡真定县人，著名将领，南越国创建者。赵佗是南越国第一代王和皇帝，公元前203年至公元前137年在位，号称"南越武王"或"南越武帝"，卒于汉武帝建元四年（公元前137年），史称赵佗"寿逾百岁"。汉高祖年间，赵佗自立为南越武王。汉高祖十一年，朝廷遣陆贾封赵佗为南越王。司马迁《史记·南列传》说："南越王尉佗者，真定人也，姓赵氏。"即今河北省真定（今正定县）人，战国时属于赵国。《汉书》卷九五记载，赵佗原是一个普通的赵国青年，秦于公元前228年兼并了赵国，赵佗加入了秦军，并被征发到南方对楚作战，赵佗在秦灭楚后，又继续南下对百越作战，赵佗勇敢善战，屡立战功，在秦王统一岭南的战争中发挥着重要作用，后来晋升官爵，从普通士兵逐步升为南平百越的主要将领。

秦始皇二十五年（公元前222年），秦国第一次进军岭南地区，赵佗与屠睢同为秦军主要将领。秦军在西线瓯地惨败，主将屠睢被杀，"伏尸流血数十万"。秦兵败后，乃遣赵佗"将卒以戍越"。赵佗在东线告捷后戍岭南，"与越杂处"五年之久。秦始皇三十三年（公元前214年），赵佗辅佐主将任嚣南平百越，统一了岭南，置南海、桂林、象郡，任嚣为南海尉，赵佗为龙川令。

赵佗为龙川令时，在龙川城（佗城）筑土城为县治所。其居宅门前筑有汲水井，佗城马箭岗辟有跑马射箭场所，老隆寨顶设置军事营寨，至今遗址犹存。赵佗就任首任县令，立即着手于龙川城的建筑。他亲勘当地山川地形，最后确定"建城于嶅湖之东，阻山带河，四面平旷"。（《全唐文》卷八百一十六）佗城三面环山，南临东江，易守难攻，又利于交通运输，故历千年之久。可以说龙川因赵佗而有名，赵佗因龙川而后有南越国，龙川也因此被称作赵佗的兴王之地，正如郦道元《水经注·浪水》中所说："赵佗乘此县而跨南越矣。"赵佗在龙川七八年时间里，设置政区、移民实边、开垦山林、修筑城池、兴教办学、推广中原文化，做了许多开拓性工作，使荒古龙川大地成为南越国一个先进地区，并带动整个东江流域的开发，产生深远影响。

赵佗在担任龙川县令期间首先勘定城池所在，筑城营防，设置行政区，使龙川成为军事、政治、文化据点。

赵佗在岭南筑城有好几座，最早的应是龙川佗城，赵佗自任龙川县令伊始，即亲自踏勘当地山川地形，选择城址，指挥筑城。据民间传说，赵佗接受秦皇诏封为龙川县令后，为择建龙川县治所址而殚精竭虑。他顶风雨，冒寒暑，不辞劳苦地驾舟沿东江而上进行勘察，每到一个地方，他都要仔细察看山势水脉和乡情民意。经过一段时间的艰辛考察，赵佗认为在佗城建置县治所最为合适。因为佗城依山傍水，土地开阔，背靠嶅山，面临东江，水上交通便利，东面有蓝关险道，北面有五合（枫树坝）要塞屏障，是个建置县治所的风水宝地。他便召集沿江乡绅官宦进行商议，把在佗城设置县治所的设想告诉大家，但是，有的乡绅官宦却坚持不同意见：有的认为柳城地面平坦，也面临东江，县治所应该建在柳城；有的认为黎咀最佳；有的认为建在四都最为理想……大家议论纷纷。赵佗是个足智多谋之人，知道这样争论下去必然没有结果。为顾全大局，使众人心悦诚服，他想了一会儿，说："大家不要再争论啦！这样吧，三天后，你们各自在自己的家乡挖一斗土前来过秤，哪个地方的土最重，就铁定在哪个地方建置县治所！"大家听后，觉得赵佗这个方法很好，表示赞同。量土秤重那天，各地的乡绅官宦都带着从家乡挖来的一斗土前来过秤。不知是天意的使然，或是人们的刻意为之，也许是佗城乡绅听懂了赵佗"铁定"两字的含意，便在打铁寮旁取来一斗土，经过秤，结果比任何地方的土都重半斤。于是，赵佗当即宣布："经量土秤重，佗城的土最重，县治所就建在佗城！"随着赵佗这句掷地有声的话语，佗城被铁定为龙川县治所址达两千余年。尽管这是个传说，但是从佗城的地理位置来看，赵佗应该是充分考察过，早就选定佗城为县治所所在，称土之说无非是给下面的官员一个容易接受的方式而已。

接着，登鳌山远望，确定东江西北约400米、雷江东面约300米为中心地点，以插柳为界，修筑土城，即今佗城越王井周围约800米的地方。邑人韦昌明《越井记》云："南越王赵佗氏，昔令龙川时，建池于鳌湖之东，阻山带河，四面平旷，登山景望，惟此为中"，那里"北距鳌山十里，东距五马山峰五里，南距河里许，相对海珠山也。"（《全唐文》卷八一六）此即今龙川佗城地理位置。佗城三面环山，山峰秀丽，南临东江，江水似龙，地势险要，易守难攻，水陆交通方便，将县治所设置于此地足见年轻县令赵佗的远见与谋略。只是限于当时人力、财力、物力，佗城规模甚小，夯土构筑，但佗城不仅是龙川县治所，还是赵佗临危受命之地，具有特殊的历史意义。再者，先秦时期，岭南无城池，作为岭南政治、经济中心的番禺城也筑于秦。城市作为阶级社会的产物，对区域社会经济发展作用甚大，同时城市也是军事据点，具有防守功能。故秦末赵佗在主要交通线上筑了几座城，以加强岭南防御力量，包括乐昌"赵佗城"、韶关"仁化城"、英德-清远"万人城"等,而龙川佗城是赵佗所筑城池中最早的,至今成为拥有2200多年历史的岭南首邑,意义非凡。

赵佗治理龙川采取了"和辑百越、汉越杂处"的民族政策,不仅团结了越人,还传播了中原文明,在促进中原与南越的民族融合与文化交流上做出了巨大的历史贡献。

南越人虽有自己的文化体系,但与中原封建文化相对而言,还是落后的。故中原人称岭南为"南蛮之地"。秦统一岭南,即大力推广中原文化,赵佗是一位重要人物,他兴教办学,推广汉字,做了许多开创性工作,流风所及,影响深远。史载"赵佗王南越,稍以诗礼化其民"(《广东省博物馆馆刊》1988年,第1期),"以诗书化固俗,以仁义团结人心"(黎崱,《安南志略》),使岭南"华风日兴"、"学校渐弘"(《大越史记全书·越鉴通考总论》),故后人述评:"广东文始尉佗"(嘉靖《广东通志》卷四十),又说:"南越文章,以尉佗为始"(《南粤丛录》,引已失传《粤记》),赵佗的文章成为后人收录的对象。明清之际屈大均即为一例,他说:"予撰广东文选以佗始,佗孙胡次之,重其文,亦重其智也。"(屈大均,《广东新语》卷十一,文语)虽然这些业绩主要是赵佗称王以后建立的,但赵佗在龙川为县令长达七八年,又在秦统一岭南之初,才更需要和有更大可能首先在龙川试行以上文化政策和措施,以后再广及整个南越国。不管怎样,龙川作为赵佗兴王之地,首先接受中原文化,滋润、发展地方文化都是无可置疑的。故自赵佗开先河以后,龙川"唐宋以来,宗工哲匠,接踵而生"。百越地区民风彪悍,难以融合,为解决南下大军的安身立命之需,也为促进中原文化与百越文化的交流、接纳与吸收,赵佗在公元前211年上书:"又使尉佗逾五岭攻百越。尉佗知中国劳极,止王不来,使人上书,求女无夫者三万人,以为士卒衣补。秦皇帝可其万五千人。"(《史记》卷一百一十八《淮南衡山列传》）这批女子的到来为解决士卒的生活问题、推广中原文化、融合百越起到了至关重要的作用，后据记载这批女子基本安家于岭南，或与越人通婚或与士卒成家，成为中原汉人入住岭南最早的一批。赵佗作为秦王朝最早在边疆少数民族地区成功确立政权并最先成功推进民族和睦政策的伟大先驱，在中国多民族统一史上的重要地位是毋庸置疑的。

古代岭南密林遍布，瘴疠袭人，自然条件很恶劣。平行岭谷地区的东江流域更不例外。在这种自然环境下，土著越人最先采用刀耕火种的方法开垦土地，生产水平很低。后来进步到火耕水耨，但仍未脱离原始农业阶段。秦统一岭南，带来先进生产技术，尤其是铁器工具的使用，使砍伐大片森林取得耕地、兴修水利、深耕细作成为可能，赵佗就是这些先进农业技术推广的发起者和组织者，他在任龙川县令时期，就指导当地人民开荒辟田、兴修水利、发展农业。龙川地下水资源丰富，赵佗令凿井以灌田，史称："井围二丈，深五丈，虽当亢旱，万人汲之不竭。"如今越王井保存完好，清冽的井水见证了越王的丰功伟绩，也见证了历史。

粤地初开，人口稀少，社会经济落后，亟须增加人口，发展生产力，才能稳定社会，巩固刚建立的封建政权。因此移民成为秦王朝开拓疆土当务之急。任嚣、赵佗统率50万大军平定岭南后，不少人"皆家于越，生长子孙"，成为广东最早一批移民。这批移民包括随行"贾人"、"逋亡人"、"赘婿"和"狱吏不直"，以及秦皇应赵佗请求而派遣的一万五千女子，而军队不少士兵脱离行伍后成为当地居民，融入南越社会。近年出土文物显示，秦汉确有一批中原人或行军或移民在东江、梅江一带。兴宁新圩大乡村鬼树窝发现秦汉青铜钟6件，器件铸造粗糙，与广州南越王墓出土"文帝九年乐府工造"青铜钲铸作相似。该器钲部刻菱形花纹，鼓部则铸有变化万字纹，这种式样在中原春秋战国流行青铜钟器类中所未见，而该器物出土地点附近至今还有"秦皇坪"地名，故这一钟器，可能是赵佗或其部属在这一带活动遗留之物。经兴宁入梅县，南口的寺前村，近年也出土汉代青铜樽，里面储存有汉代铜钱8.5公斤。这些中原移民，不仅给当地带来先进生产技术，而且为区域开发注入新的活力，并且改变当地人口的民族结构，以及风俗文化。故史载赵佗治理下的岭南"甚有文理"，"中县人以故不耗减，越人之相攻击俗益止"，可见赵佗安置士兵移民充实边境应该是可以肯定的。在佗城镇调查统计出现的179个姓氏中，有笔画最少的丁、刁、卜姓，也有17画的戴、鞠、魏等姓，还有僻姓占、米、农、官、院等；除单姓外，也不乏欧阳等复姓，这为50万大军凭空消失到落户龙川提供了主要证据。

赵佗在任龙川县令直至为南越王的汉初，曾在龙川县境长乐（今五华县）五华山下筑长乐台。长乐台又称尉佗台、越王台、朝汉台。据《长乐县志》载："长乐台在县西北五华山下""佗部行至此，适汉使至，因筑以朝"。另有旧志云："汉高祖十一年（公元前196年）遣陆贾封佗为南越王，因筑台五华山下，曰长乐台。"

1984年，在五华山东南方向塔岗村狮雄山上，发现了2万平方米的秦汉建筑遗址，出土大量绳纹板瓦、筒瓦、瓦当、带戳印陶器和陶片等。广东省考古队在该遗址挖掘了几次，发现一组西汉早期官府宫殿建筑遗址。主殿在山顶平台上，回廊式，残存东边部分呈凹状形，面积500多平方米，周围还有几座辅助建筑。经考古学家到现场考证，认为此遗址是南越王赵佗所筑的长乐台。赵佗经常教导南越官兵世代忠心事汉，建筑朝台，月月朝拜，此举成为南越重要礼仪，在龙川乃至岭南地区产生了深远的影响，为稳定50万南下大军军心，奠定了人心向汉、维护国家统一的政治思想基础。

总之，赵佗在进军岭南途中以及为龙川县令后，在龙川做了许多开拓性的工作，使荒古龙川大地改变了面貌，大大地促进了龙川的经济和文化的发展，为龙川社会的进步和发展做出了巨大贡献。赵佗开发龙川的功绩流芳千古，永远受到人民的敬仰和缅怀。后人为纪念赵佗开发龙川的功绩，兴建南越王庙，以祀赵佗。此后，又把赵佗汲水井、老隆营寨、龙川城分别命名为越王井、越王营寨、佗城，以表纪念。如今已有2200多年建城史的佗城作为广东省首批历史文化名城，又是南越王的兴王发迹之地，秦代中原文化南下与百越文化交流的结合地，亦是千百年来东江中上游地区的政治、经济、文化和军事重镇，成了广东的旅游重镇，而赵佗文化也成了打造客家古邑、岭南名城最为重要的王牌。

韦昌明（唐代，生卒年不详）

韦昌明（生卒年不详），字思明，故嘉靖《广东通志初稿》中被称为"韦思明"。韦昌明的祖上来自于陕中，迁徙至龙川祖居附城板塘村，尽管无史书明确记载韦昌明家境殷实，但番禺举子李汇征游学到循州，村人就指着韦昌明的庄园让他去歇脚，因为韦庄是当地最大的庄园，可见韦昌明家境殷实，也因此能提供给他更多的学习机会，使他从小就开始显露出过人的学识。在当时官学还不是很盛行，地处岭南僻隅的龙川，官学教育更是少，而有人统计发现岭南进士一般都是在自己家族中学习的，很少有上岭南官学的记载，韦昌明亦是如此。书香传家的传统造就了韦昌明少时聪颖好学，善诗能文。他青年时期居板圹大石岩攻读，随后又受李涉的感召，"远隐罗浮山，经于一纪"（范摅，《云溪友议》）。韦昌明刻苦学习，功夫不负有心人，唐长庆四年（824年）进士及第，是龙川历史上第一个中进士的人。唐代进士一年只录取二三十人，成为进士者，当然不能仅具备一般人的智力和学习水平，特别是在岭南这个荒僻的地方，更需要远胜中原士子的努力和天资，据雍正《广东通志》6卷四十四载：韦昌明，龙川人，好学，工辞赋。可见韦昌明聪颖好学，闻名已久。

唐代岭南进士的任职之地一般都不在家乡岭南，但是他们在工作上都兢兢业业，非常认真，韦昌明官至校书郎、秘书监丞、御史、翰林学士，是公认的勤政模范，有口皆碑。有史书记载韦昌明在任京官时"耽阅麟署，惯乘鹿车，竟以勤瘁，卒于官"（郝玉麟，《广东通志》），当然勤政敬业是大家都认同的，而死于任上这样的说法却被大家所怀疑。有记载称他晚年居住在龙川县城东坝坊，乾符五年（878年），已是古稀老人的韦昌明感念赵佗的恩泽，为家乡越王井撰写《越井记》，被收录于《全唐文》中。照此种说法说其死于任上，是值得怀疑的，因韦昌明于唐长庆四年及第，于乾符五年撰写《越井记》，中间相隔59年，已是古稀之人，不可能留在任上。况且他一直在京城做官，未曾到外地就任，不是致仕之日，是不可能回到循州的。故一说，韦昌明晚年辞官致仕，回到循州隐居，改名思明，寿80余。无论有几种说法，韦昌明为赵佗所掘汲水井作《越井记》不假，此文亦可充分证明越王井已经有两千多年的历史。

唐穆宗即位时，唐朝已历经十二个皇帝，国力衰微。韦昌明青年及第，拳拳之心，欲报于国，他不仅才华横溢、勤政有加，还生性耿直，为官刚正。在为官期间曾"上书宰相李逢吉，责以协恭和衷之义"（郝玉麟，《广东通志》），逢吉对其甚为赞赏。韦昌明祖上来自中原，对此他有强烈的中原文化认同感，他在《越井记》中回顾自己家族史时曾写道：秦末略定南越，从关中徙民至粤；使与土著杂居，而龙川有中县之民四家，即韦、官、任、赵。韦家传至韦昌明时，已三十五世了，实与越井相始终，说明韦昌明祖上亦是从中原迁徙至此的。如今越王井已经成为佗城旅游的必赏景点，韦昌明所作《越井记》刻于井旁石碑上，我们在瞻仰千年古井遗风的同时亦可欣赏到龙川历史上第一位进士的文采。

明清《广东通志》《惠州府志》《龙川县志》均将其入传。

附《越井记》：

　　南越王赵佗氏，昔令龙川时，建治于嶅湖之东，阻山带河，四面平旷，登山望景，惟此为中，厥土沃壤，草木渐包，垦辟定规制。北距嶅山十里，东距五马峰五里，南距河里许，相对即海珠山也。凿井于治之东偏，曰越井。春秋为南越，战国属楚，为百粤，秦首置南海，即以龙川隶焉。则越之封，肇于春秋，而龙之壤，则启自越王佗也。井周围二丈许，深五丈，虽当亢旱，万人汲之不竭。其源出嶅山，泉极清冽，味甘而香，自秦距今八百七十余年，其迹如斯。稽《史记·列传》称：汉既平中国，而佗能集扬越，以保南藩称职贡，则佗之绩，良足为多。秦徙中县之民，于南方三郡，使与百越杂处，而龙有中县之民四家，昌明祖以陕中人来此，已几三十五代矣，实乃越井相终始，故记文如此。乾符五年十月之吉。邑人翰林学士韦昌明记。

王汝砺（北宋，生卒年不详）

王汝砺，北宋佗城（今属龙川）宜民坊人，居五马山麓，五马山麓即是其宅。小时候的王汝砺就对书籍有浓厚的兴趣，曾在岭南名山——霍山上远离尘嚣，用心苦读。宋天圣三年（1025年）中进士，官授潮州刺史，升工部尚书，颇有治绩。晚年致仕，回到故乡创立望高书院，教导子弟，培育英才，其业绩至今仍为民间广为传颂。《龙川县志》载：明嘉靖举人黄缙曾在其宅基建居，掘得宋所佩之珰及古砚，镌有"砺字"。

王汝砺以进士身份及创办个人书院留名青史。书院之名，始于盛唐，最初"只为修书之地，非士子肄业之所"（清王士祯，《随园随笔》卷九），直至唐末五代，才逐步出现了既藏书又讲学的具备了教育机构功能的书院，但数量不多，影响亦有限，只能视为书院的萌芽。书院的真正兴盛，是在入宋之后；以岭南言，则在南宋时期。宋代的循州，虽然僻处于岭东一隅，但其文化教育比之隋唐时期，已有长足的发展，特别是书院的创建，在岭南地区可谓异军突起，与宋代理学的勃兴及流播互动相成，盛于一时。王汝砺青年时期就在望高山下创建了凤台书院，可谓是擎起教育旗帜的一号选手，其贡献及历史意义绝不仅仅是督教里族子弟那么简单。

王汝砺深知书籍给人的力量是巨大的，自己喜好读书的同时也想通过自己的行为影响族里族外同龄人，他看到乡里众多孩童、青少年没有书读，于是决定创办书院来使他们读书明理。他于青年时期在望高山下创凤台书院，"以舒吟咏"，督教里族子弟。尽管我们无法考证当时王汝砺所办书院规模及学科设置等一系列问题，光论其办学之举就值得后人敬仰，尤其是在偏僻的岭南地区。晚年致仕回乡后，为完成自己年轻时的梦想，也期望把入仕以来多年的阅历知识传教于族人，于是王汝砺在五马山下创立他人生中的第二所书院——望高书院，仍以培育后进为乐。书院是古代教育的重要组成部分，是地方教育人才，研究学术，凝聚和涵养一方人文精神的渊薮。书院数量之多少，规模之大小，人才之盛衰，历史之久暂，以及其制度是否完备，影响是否广大和深远，是衡量所在地方文化教育水平的重要标尺。凤台书院大约创建于北宋天禧年间，而望高书院则创建于北宋天圣二年之后。两书院均为私人所建，比之官方所建仅作书斋用的英德涵晖书院（单纯个人读书的书斋），在教育的功能上显然又进了一步。

王汝砺死后葬在龙川五马山下，《广东历史人物辞典》有传。明代嘉靖年间，龙川县乡民挖土得玉带三片，墓砖有"王尚书"三字，还有断碑一块，字迹已模糊。碑、带均为叶姓乡民所藏。

附王汝砺诗二首：

（一）

白云深处一岩开，按使巡行得从陪。

积岁虽为香火处，几时曾有筛旗来。

天资松翠供吟笔，风送藤王落酒杯。

步帐渐无四十里，敢期迟待月明回。

（二）

英词二朝为君开，才劣包羞岂敢陪。

太守不劳携妓至,村民知道爱山来。

昨游尚浅还移履,宿醉犹深莫满杯。

尽谓山高好游处,帝乡何日是归回。

载嘉庆戊寅版《龙川县志》

注释:

"白云深处一岩开"等二首诗,是明崇祯十五年(1642年)邑人在普安寺(王汝砺读书处)拾得的断碑上发现的。

罗 恺（1012—1076）

罗恺，字次元，号海如。祖籍江西南昌，五代末，其先祖迁龙川进贤乡，于今龙川县丰稔镇罗田围开基。其先人在南汉（917—971）刘氏朝廷担任官职有功绩。曾祖罗保强有德行却隐居不做官，父亲罗晟担任过官职，死后皇上赐都官郎中的头衔，母亲张氏，追封永安县太君。

罗恺生于北宋祥符五年（1012年）十月。据1980年出土的罗恺《墓志铭》记载，罗恺自小喜读书，尤对经术（经世致用之学问）孜孜不倦。因为循州缺乏拜师求友的风气，罗恺便远游四方拜师求学，他专门拜访那些对他参加科举考试有帮助的，有学识有名气的长者。博采众长，刻苦学习之下知识渊博的他不到20岁就闻名于乡里乡外，附近州县的读书人都纷纷来龙川向他请教。

罗恺参加礼部举行的进士考试落榜后，因思念故乡年老的父母双亲毅然回到故里。回乡后罗恺在官府中找了个临时的代理职务。后父母接连去世，他便回家守孝。守孝期间他更加刻苦读书写作，潜心研修近十年，被任命为昭州龙平县（今广西）主簿。罗恺在桂州（今桂林）参加地方推选考试取得参加礼部进士考试资格。

嘉祐二年（1057年）春，仁宗皇帝亲临考场，钦点罗恺为第三名探花，这一年罗恺已年四十五。朝廷任命他以大理评事的头衔通判吉州（今属江西省），通判是太守的助手，恰好太守空缺，有人认为吉州情况复杂，政务繁重，担心他不能胜任。罗公在代理太守一年期间，事必躬亲，政务繁忙却井然有序，以仁恕和爱心处理民事纠纷，贪财的小吏有犯法的，则严厉弹劾。这样一来，宽严并济，上上下下无不对罗公肃然敬畏，称赞他廉明。不久他升迁为大理寺丞（最高司法机构的法官）。嘉祐六年，从地方回到京师，罗公准备在学士院兼职，需通过考试。罗公笑道："以赋取士已有偏颇，又以赋来考帖职（岂不是更不妥当吗？）"（宋代在翰林院等院馆值班的官员叫馆职，由其他官员兼职的叫帖职。）罗公不留意，结果主考官认为他用韵有误，天子得知，将他外放"知淮阳军"。嘉祐七年，调任殿中丞，殿中丞是殿中省属下的官员，该机构掌管为皇帝服务的尚食、尚药、尚酝、尚衣、尚舍、尚辇六局。按惯例，宫禁中来往的文件如有与礼部所规定的格式不一致的地方，诸大臣会告诉起草文件的人并改正过来。但罗公不熟悉权贵身边的人，独不能得到指点；然而罗公也处之泰然，不往心里去。奉命到了下邳，他笑道："这个小地方有多少公务可办。"到任不到一个月，钱塘人慎东美曾到此地旅游，把船停在城关外，遇上一伙恶少酗酒后斗殴，一会儿，其中一人说："我非与你较量不可，但是这样对不起仁厚的罗公。"于是和解而去，罗公在当地竟这样感动人心，其影响是显而易见的。

　　宋英宗即位后，罗恺被任为太常博士。治平二年（1065年），他被派往开封做知县，县衙就在京城汴梁。魏国公韩琦（后来官至宰相）与罗恺私交不错，怕他在任上有失，就对罗恺说："开封就在京师，你不能当作一般的县来治理啊。"意即京师多豪门，其势力盘根错节，一有闪失，便危及自身的前途及人身安全。后来，真有豪门大族恃权，想要阻挠罗恺执法。罗恺也不震怒，而是与他们"摆事实，讲道理"，罗恺获得了更多人的信任，就在这一年，他被改任屯田员外郎。

　　宋神宗熙宁元年（1068年），罗恺被皇帝叫到殿前，"问府界事"，罗恺久在地方，对着新登基的天子不知道说什么好，宋神宗不高兴了，将他派往陈留（今属开封）当知县。当年，陈留闹蝗灾，县衙一个叫钱范的官吏在捕蝗时鞭打村民，村民哀号，恰好被神宗派来取禾的宦官看见了。该宦官认为这里的官吏非法伤人，于是报告了皇帝。神宗将罗恺调出陈留，到了更远的蕲春（今属湖北）任知县。过了三年，经过考察，罗恺被调任登闻鼓院（接受文武官员及士民奏章表疏）。熙宁五年（1072年），罗恺主动请求外放为复州（今湖北沔阳）知州。熙宁八年升为屯田郎中，从武昌调回京师，再次到登闻鼓院任职。

次年，即熙宁九年（1076年）八月，他在海州（今属江苏）知州任上病逝。罗恺任官达19年，其性格厚重寡言，凭高中探花而官至为郎，多次治理州、县，淡泊名利，不尚奢华，所到之处人们皆赞誉其清廉。

罗恺死后，同科进士曾布——唐宋八大家曾巩之弟，含泪为罗恺写下一篇墓志铭。这块埋藏在地下900多年的墓碑，在龙川县丰稔镇坳背村罗恺墓出土，现被博罗县博物馆收藏。罗恺墓是1980年坳背村一村民搬屋基时发现的。墓室用青砖砌成，室内埋藏墓志石一盒，端石质，楷体从右至左竖书，共35行，每行38字，共1330字。正是曾布为罗恺写的墓志铭。

注：

罗恺墓位于丰稔镇坳背。1980年当地居民在坳背挖屋基时发现。墓室长4米、宽2.5米、高2.7米，用32厘米×21厘米×6厘米的火砖砌成。内有两个陶碗、一枚铜钱和一块长98厘米、宽91.5厘米、厚6厘米的墓志碑铭。该墓碑今藏龙川县博物馆。碑文是由江西南丰县人北宋文学家曾巩之胞弟曾布所撰。曾布、曾巩与罗恺是宋仁宗嘉祐二年（1057年）同科进士。曾布曾参与王安石变法，进翰林学士兼三司使。后与王安石等政见不合，几经沉浮，晚年贬官舒州司户。《罗恺墓志铭》撰于元丰元年（1078年）。

苏 辙（1039—1112）

苏辙，字子由、同叔，号颖滨遗老，四川眉山人，出生于仁宗宝元二年（1039年）二月二十日，历经仁宗、英宗、神宗、哲宗、徽宗五朝；是苏洵之子、苏轼之弟，与其父兄合称"三苏"，均为唐宋八大家之一，是宋代著名的政治家、文学家、经学家和思想家。

北宋重文人，讲究学而优则仕，故士大夫多集文人、官员、学者身份于一身，苏辙也不例外。嘉祐元年（1056年），时年十八岁的苏辙和哥哥苏轼一起通过举人考试，第二年被录用为进士，但因母丧返蜀居丧一年。嘉祐五年（1060年），苏辙被任命为河南府渑池县主簿，还未赴任便被天章阁待制杨畋荐举制策。随后苏辙被任命为商州军事推官，但苏辙以养亲为由留京侍父未赴任。英宗治平二年（1065年）三月，苏辙出任大名府（今河北大名）留守推官，开始了他的从政生涯。治平三年（1066年）四月，苏洵逝世，苏辙兄弟护丧返蜀。神宗熙宁元年（1068年）冬除丧后，苏辙返朝，因《上皇帝书》被召对延和殿，接着（1069年）被任命为置制三司条例司检详文字。但熙宁新政推行新法，苏辙与王安石政见不同，并"以书抵介甫、旸叔，指陈其决不可者"一再阻止"青苗法"的推行。八月，苏辙上《条例司乞外任状》求去职。"介甫大怒，将见加罪。旸叔止之，奏除河南推官。"

第二年二月，张方平辟苏辙为陈州（今河南淮阳）教授。自此，苏辙开始了他辗转地方、沉沦下僚的困苦生活。十年间，苏辙先后担任过陈州教授、齐州（今山东济南）掌书记（主管文字工作）、南京（应天府，今河南商丘）签书判官等职，在政治上始终郁郁不得志。元丰二年（1079年）七月，苏轼因"乌台诗案"下狱，苏辙也因为救兄长遭连坐被贬监筠州（今江西高安）盐酒税，开始了第一次的贬谪生活。五年后，苏辙移知歙州绩溪令，命运开始有所好转。元丰八年（1085年）三月，年仅十岁的哲宗继位。八月，已经四十七岁的苏辙被反对新法的高太后召回任秘书省校书郎，虽然仍是个小小的九品芝麻官，却是他辗转仕途中的转折点。元祐元年（1086年）二月，苏辙改任右司谏，九月任起居郎，十一月又升任中书舍人，一年内连升三级、青云直上。元祐二年（1087年）十一月，苏辙任户部侍郎；元祐四年（1089年）六月改吏部侍郎，旋改翰林学士、知制诰；元祐五年（1090年）五月为龙图阁学士、御史中丞。元祐六年（1091年）二月，苏辙升任尚书右丞，成为相当于副相的执政重臣。元祐七年（1092年）更是官高至佐天子、总百官的门下侍郎。但是元祐八年（1093年）高太后病逝，哲宗亲政，更年号为"绍圣"，苏辙由高位摔下，再次开始了贬谪生涯。绍圣元年（1094年）他先是以端明殿学士落职知汝州，六月再被告降三级知袁州，七月再降"试少府监，分司南京，筠州居住"，经历了岁更三黜的厄运。绍圣四年（1097年）二月，苏辙被责授化州（今广东化州）别驾，雷州安置；但是政敌还是不肯放过他，元符元年（1098年）六月，苏辙又被贬至更加偏远的循州（今广东龙川），并在此待了十七个月。

元符三年（1100年）正月，宋哲宗驾崩，徽宗继位，时年六十二岁的苏辙终于迎来了"解放"的春天。当年二月，苏辙被移至永州安置；四月移居岳州（今湖南岳阳）为濠州团练副使；十一月为太中大夫，提举凤翔府上清太平宫（退休养老的官）。因"有田在颍川，乃即居焉"，苏辙回到了颍昌养老，自此谢绝访客、不问政事十三年。政和二年（1112年）十月，苏辙在颍昌去世，享年七十四岁。次月，朝廷追复苏辙为端明殿学士，特赐宣奉大夫。苏辙死后六十四年（淳熙三年，即1176年），被南宋孝宗追谥为"文定公"。

苏辙被贬龙川期间，是其最失落、最艰难的时期之一，在这短短的十七个月期间，苏辙共写了八首诗、两首青词、两篇杂文、一篇祭文和一篇人物传记，还"杜门闭目，追思平昔"，写成了《龙川略志》十卷、《龙川别志》四卷，其中《龙川略志》记载的是他在朝廷做官时，所见欧阳修、张安道、韩琦、司马光、王安石等名臣的言行，《龙川别志》记载的是听到的一些前朝和同朝名人的轶事。《春秋集解引》也是作于此时。

据记载，苏辙来到龙川的时候，是元符元年（1098年）夏，这一年，他虚龄六十。为了不让家人中瘴毒，苏辙只得先将其他家人安置在罗浮山下，自己与幼子苏远一路晓行夜宿，于农历八月才到达龙川。这位花甲老人与小儿子苏远，在炎炎夏日，行走在"岭南瘴疠地"上，水陆并进，花了两个月时间，才到达龙川。来到龙川，远离政治漩涡，苏辙在这个"南蛮"之地开始他为期一年多的岭南生活。唐、宋诗人曾写诗说循州地区"燥风扇烈日，热喘乘毒气"、"地说炎蒸极，人称老病馀"，气候非常恶劣。苏辙初到龙川，"所至语言不通，饮食异合和，瘴雾昏翳，医药无有"，根本无法适应与中原差异极大的饮食习惯和"昼热如汤，夜寒如冰"（苏辙，《祭八新妇黄氏文》，《栾城后集》卷二十），

初到龙川，苏辙认为这里不是个好地方，先说环境气候，夏天湿热，瘴毒侵肌，实在不好受。同时，他不是来这里当官的，只是作为"犯官"被贬来此，钱袋子空空，吃的、穿的都难以为继。而且，周

围都是大字不识的农人，虽然非常淳朴善良，但往来皆白丁，那种寂寞孤独，对苏辙来说，比缺衣少食还令人难以忍受。再说心理，他仍旧巴望着能回到北方、回到故乡，但自己年老体弱，又穷又困，他不由地常常担心自己会死在龙川，永远难归故土，但毕竟与家人来到了这里，既来之，则安之。

苏辙用他多年为官的积蓄买了曾氏小宅，大小房屋共10间，将破漏的地方略加修缮，亦能挡风雨。值得庆幸的是，曾氏小宅南边有紫竹，符合文人时爱舞弄风骚的需求，北边有空地可以种菜，有井可以灌溉，可以亲事躬耕。苏辙父子荷锄种下韭、葱、葵、芥等蔬菜，长成后既可以改善生活，又可以用来观赏、调节心情，亦非不是美事一桩。闲来无事，苏辙很想看看书，可惜他的书都在迁徙的路途中送人了，他"欲借书于居人，而民家无畜书者。独西邻黄氏世为儒，粗有简册"。虽然黄氏"有书不能读"，但毕竟是宦学之家，所以在龙川期间，苏辙和他交往较多，常常前往他家借书、喝酒等。苏辙在他的诗《求黄家紫竹杖》中也提到，因为病后"少筋力"，黄氏老曾送他一枝"劲挺可喜"的紫竹杖，苏辙便挂着它前往黄氏老处喝酒聊天。第二年二月，苏辙生日，苏轼也为他送来了黄子木拄杖，并有《以黄子木拄杖为子由生日之寿》诗。

苏辙到龙川的这年夏天，敖湖又发生旱情了，农作物得不到灌溉。看着老百姓们愁眉苦脸的样子，苏辙的心也揪得难受。当时敖湖湖面纵横有2公里多，水深可行舟，经常有洪涝灾害或旱情发生。苏辙于是倡议村民修筑堤坝，堵水灌田。后人为纪念苏辙，称此堤为"苏堤"。苏堤位于佗城镇敖湖东边，筑于宋代，因年久失修，现存部分约1000米。堤外墙石砌，横断面呈梯形，中间用沙土夯实。堤高2.5米、顶宽2米、底宽6米，面铺鹅卵石。直到明清以后，湖水逐渐干涸，淤而为田，湖上亭、阁、寺庙虽不存，但湖内秋月潭、苏堤故迹仍在。

　　龙川父老对这个从京城贬来的"犯官"很热情，除了送竹杖、借书，还有其他的一些交游。当年的闰九月九日，天气还很热，但早晚已颇清凉了，一些平日与苏辙交好的老农，带着几坛酒来找他。在曾氏小宅里，苏辙和老农花白的须发，映衬着几丛紫萸黄菊，几个人相互劝酒，对望着开怀大笑。望着高远寥廓的苍穹，苏辙想起前些年在朝中遭受的种种不公与迫害，导致许多亲朋故旧都远离自己，不敢与自己交往，怕引祸上身。这些纯朴的农人，竟毫不理会亲近自己后会有什么后果，如此真诚相待。苏辙心中十分感动，把龙川视作了故乡，暂时放下了对家乡四川眉山的思念："获罪清时世共憎，龙川父老尚相寻。直须便作乡关看，莫起天涯万里心。"

　　自然环境、生存环境和政治环境的恶劣，折磨着苏辙的身心，淳朴的龙川人民却用自己的热情和真诚抚慰着苏辙受伤的心。除与龙川父老把酒共话桑麻之外，在龙川来往的三位道友、故交，更是成了此时苏辙的精神力量，这三位朋友就是龙川道士廖有象、潮州道士吴子野和不远万里徒步来访的侠义之士巢谷。

　　廖有象是个有道之士，得到他的真传的弟子就有五六人，门徒众多。廖有象的居处也非同一般："君居龙川城，筑室星一周。屋瓦如翄飞，象设具冕旒。"苏辙本来对修道亦颇有兴趣与研究，因与廖有象倾心交往了三个年头——贯穿了苏辙在龙川岁月的始终。年轻的宋哲宗病死后，徽宗即位，苏辙得以蒙赦北归。廖有象因要修建道观，不能伴他同行，约定以后相见。临别之际，廖有象送他过了一道又一道的山岭，直走到水边苏辙乘舟方才洒泪而别。10年后，廖有象果然出现在颍川苏辙面前。苏辙惊喜万分：万里之外的故交，果然没有食言，走过重重山川险阻，来看我这老而穷之人了。

　　潮州道士吴子野是苏轼、苏辙兄弟多年的老友，他从潮州来到苏辙位于浰江边上的小宅，陪苏辙一起修炼养生之法："辟谷赖君能作客，暂来煎蜜饷桃康"。苏辙另一个至交是巢谷。这个73岁的老人，从四川眉山出发，不远万里，徒步前往龙川与苏辙相见。出发前，一些人听说巢谷居然要徒步去龙川找苏辙，都讥笑他实在太狂妄。巢谷走在崎岖的路上，虽病困艰难，其心未悔。走到梅州时，他给苏辙送了一封书信，信中写道："我万里徒步来看你，就已不望能有命回去。我现在梅州，10天左右就能见到你了。"可以想象，苏辙一手拄着那根老黄赠送的竹杖，一手拿着这封信，心里涌起的那份无以言表的感动。

巢谷是苏辙的眉山老乡，元符二年正月，在苏辙最落魄的时期，巢谷不惜以古稀之龄、孱弱之身自四川眉山徒步来龙川寻访苏辙，巢谷到达后，苏辙与他接连聊了一个多月，意犹未尽。巢谷见到了苏辙，老怀大慰，还想见苏轼于海南。苏辙体恤他年迈，且身体有病，海南离龙川距离遥远，还要渡海，旅程实在凶险，力劝他不要去了，但巢谷不听。苏辙看他的钱袋将空，就拿出自己为数不多的一些钱给他，希望他能平平安安到海南见到苏轼。然而，巢谷的船才行至新会就遭遇了强盗，钱财全部被抢。不久，巢谷病死。苏辙获悉这一噩耗，痛哭失声，心中哀痛难遣，后作了《巢谷传》。

元符三年（1100年）正月，苏辙获释北归，苏辙谪居龙川已整整17个月，为龙川留下了巨大的精神和物质财富，据《龙川县志》记载："南山在县之南，上有古寺，俯瞰江流城阙在目，亦一丽景也。寺之右有意在亭，守御所盖一鹏建，今废。上有苏辙陈次升二贤祠，明金事雍澜知县袁光儒建，今改祀越王祠。"（胡璿，《龙川县志》第九册《山川》）可见龙川官员百姓是感恩苏辙、怀念苏辙的。如今苏辙塑像仍陈列在南越王庙中，而苏辙当日发起所筑苏堤也仍是龙川佗城旅游一大亮点。若是龙川能在这些基础上进行打造，原址上仿建一曾氏小宅，门前种上紫竹，再精选有关苏辙的介绍、故事以及苏辙在龙川的作品等，不愁不是一笔很好的旅游和文化宣传资源，想必苏辙也会自感欣慰，不枉嫡居至此吧。

罗孟郊 (1092—1153)

罗孟郊，字耕甫，号休休，北宋元祐七年（1092年）出生于龙川城兴贤坊官寓（今佗城镇街道罗屋坪）①。系唐昭宗年间进士、五代（后梁）开平二年（908年）广东循州刺史罗昌儒玄孙。据宋绍兴二十六年豫章进士知庐州府张（疑"周"）文举所撰的《故翰林学士赠礼部尚书罗公神道碑》记述，孟郊幼负美质，居乡校，时值朝政禁锢诸贤，孟郊慨然叹曰："事势如此，尚可爵禄为哉？"乡先生韦公闻之叹服。尔后，乃出游四方，与胡铨、杨时、蒋之奇等友贤，相与上下议论，慷慨激烈，博通经史，为当时名杰。

北宋宣和五年（1123年）参加乡试荐举人，翌年进京会试录进士，并经殿试登一甲第三名（探花），授官职太学博士。罗孟郊任职太学博士期间，正值奸臣蔡京专权，朝政日非。罗孟郊疾恶如仇，令太学生陈东等上书，揭露蔡京等人罪行，称他们为"六贼"。迫于压力，不久，宋钦宗便把"六贼"中的王黼等治了罪。当金人南侵时，钦宗慑于金人的气焰，欲罢免主战派右丞相李纲的职务，来讨好金人。罗孟郊再次令陈东上书，要求留用李纲为国效力。绍兴十八年（1148年）罗孟郊入翰林，又值秦桧阴谋与金人和议之际，罗孟郊与龙图学士叶三省等人力抵和议。秦桧恨之入骨，便指使御史罗汝揖上书高宗皇帝。他们在奏书中编造罪名，大肆诽谤罗孟郊等人，称他们"饰非横议"。南宋绍兴二十二年（1152年），罗孟郊、叶三省等人含冤遭贬，罗孟郊被贬谪到当时的兴国军即现在的阳新县。孟郊赴谪地时，其子罗钧同往侍奉，动身赴贬所时，朝廷诸大夫洒泪为其饯行。罗孟郊答谢说："吾本豫章柏林族也，兴国军乃故乡。天下事至此，为之奈何！吾今无意于人世矣。诸公勉力以报国，不必为吾偷生者注念。"看到宋主昏庸，奸臣误国，外敌入侵，而自己的境遇却又如此，一片忠贞报国之志无处安放，罗孟郊甚是无奈，对自己的前途已心灰意冷。

罗孟郊到兴国军任后，他不理军事，选择甘棠山山谷，在山脚下朝阳的一面定居下来。他建屋数间，在正屋大门上方悬挂一横匾，题曰"翰林堂"。他又叫人开挖了一个一亩见方的水池，名之"洗砚池"。自此，他过起了寄情山水的隐居生活。后来，很多人登门拜访，他一律不予接待，统统拒之门外。即便其时的兴国军知军薛朋龟、周紫芝等贤能之人登门造访，罗孟郊都闭门不见。当时薛朋龟、周紫芝等人带来了酥米等食物赠送给罗孟郊，同时还赠荷叶诗一首于罗孟郊，诗云：

湖边老守湖是家，湖光十里皆荷花。
我来不见花如锦，但闻荷叶飞天涯。

罗孟郊答云："仆得托身草莱，随意耕钓，皆君惠耳。辱磁多议，何以堪之？"原来他的志向，早就是打算辞官归隐，寄情山水之间了。绍兴二十三年（1153年）春，循州霍山崩裂。至秋，孟郊命其子曰："吾气数止矣，汝竭力事母，不必还籍，甘棠是我葬地也。"冬，在家气绝身亡，终年62岁。一代忠贞爱国之士就这样悄无声息地撒手人寰，然而朝廷对此一点儿也不知道。绍兴二十五年（1155

年），罪大恶极的秦桧终于死去。就在秦桧死后不久，高宗不知是良心发现还是另有原因，他下诏复用罗孟郊等53人。而此时，罗孟郊去世已有两年多了。朝廷后来得悉罗孟郊已去世，"特追赠礼部尚书职，敕葬甘棠山"。并附之祭祀祝文："若公者可为屈之以位而伸之以道，枉之以生而直之以死者。"并于绍兴二十六年（1156年）丙子岁正月为其墓立《神道碑》。时为《神道碑》撰文的是赐进士、知庐州的豫章人张文举，书写的是宣教右侍郎中、权知兴国军事的江州人周紫芝，篆额的是奉礼部、知舞阳县事的希寿。

罗孟郊虽未能挽宋室于沉沦，但他不畏权奸的凛然正气和爱国精神，永远值得世人崇敬！

孟郊有二子，罗鎬、罗钧。钧随父定居兴国军；鎬留居龙川，今佗城镇罗屋坪罗氏皆孟郊后裔。

注释：

①1984年国家档案局、教育部、文化部联合发文《关于协助编好〈中国家谱综合目录〉的通知（国档会字[1984]7号）》，民间各姓氏修谱蔚起。适逢编纂《中华罗氏通谱》期间，通过全国各地罗氏谱牒的相互查核与考证（尤其湖北、广东、江西），有关罗孟郊等的籍贯已澄清，确认为龙川人。今湖北省阳新、大冶两县罗氏族人，自2004年至2006年，曾先后三次寄来该地谱牒或派人亲临龙川查核其祖居地，认祖归宗。据湖北阳新、大冶、黄冈、通山、蕲春及江西武陵等县的《罗氏合修宗谱》载："孟郊循州龙川县人，昌儒公之裔"。又载："昌儒，官循州刺史，因黄巢乱，遂家循州之龙川。按：循州龙川即广东惠州府龙川县。"（这里虽"因黄巢乱"未回故里的时间有误，而居家且卒葬于龙川是毫无疑义的——今老隆镇下泡水山上，民国十六年修的"故循州刺史昌儒罗公之墓"犹存，清明时节龙川罗氏族人拜祭之）。又据湖北阳新县罗氏谱载：在川开基祖昌儒公至孟郊公五世，俱寓龙川兴贤坊，孟郊为翰林学士，生鎬、钧二

子，鋗留居广东惠州府龙川县；又载：吾族自昌儒公以后，孟郊公以前，世居龙川，谱志详矣。查清嘉庆二十三年《龙川县志·坊表》中有"'兴贤坊'在县衙儒学前街右"（即今佗城镇街道内的罗屋坪）；《龙川县志·水利》中有"'兴贤桥'在古州学前，旧志筑湖建学时建"；《龙川县志·选举》中有"'罗孟郊'，探花及第谏议大夫翰林学士，兴贤坊人，祀乡贤。"由此可知，内外谱牒与史籍印证，罗孟郊为龙川人氏。

吴 潜（1196—1262）

吴潜，子毅夫，号履斋，籍贯宣州宁国（今安徽省宁国市）人，生于湖州（今浙江湖州市），文学家，南宋嘉定进士。出身于官宦世家，自小受到良好的儒家正统教育，于嘉定十年（1217年）22岁时进士及第，名列第一，从此步入仕途，并且称得上是一帆风顺。先在地方任职，历任江东安抚留守、淮东总领等；中年时分进入内阁，于淳祐七年（1247年）试兵部尚书兼侍读、兼参知政事；次年出为福州知府；56岁时再度入阁，拜右丞相兼枢密使；次年出为沿海制置大使、判庆元府；64岁时（开庆元年，即1259年）三度入阁，拜左丞相兼枢密使。位高权重，吴潜对自己顺达的人生阅历甚感自豪和满足。晚年有《水调歌头》写道："从头点检身世，百事已圆成。及第曾攀龙首，仕宦曾居鸥阁，衣锦更光荣。若又不知止，天道恐亏盈。"（唐圭璋编，《全宋词》）。1261年，年近70岁的吴潜被罢相，流放到循州，仍竭力为百姓造福，受到百姓爱戴，"百姓勒碑纪念"，将吴潜曾寓居的仙塔下的古寺，改名为"正相寺"，塔亦因名"正相塔"。1989年，广东省政府将"正相塔"列为省级文物保护单位。

吴潜是南宋著名政治家、文学家，爱国爱民良臣，其一生饱学博才，刚直不阿，不怕冒犯皇上，敢于直谏，建树良多。理宗在拜封吴潜许国公、左丞相时诏书曰："天资忠亮，文学渊深。负经纶致远之才，抱博古通今之蕴。指陈说论既有保安社稷之谋，措置时宜尤着沥胆洗心之策。"（《宋史》）《宋史》称吴潜"忠亮刚直，不幸与奸权同朝，自处难矣"。吴潜先后与史弥远、郑清之、丁大全、贾似道等同朝，"屡陈长策，不被所用"，反受"谏草虽多祸亦深"之害。时右相贾似道对潜有成见，使侍御史沈炎弹劾他，理宗遂罢潜相。吴潜被罢相后，当年七月谪建昌军，十月徙潮州，次年（景定二年）四月责授化州团练副使，循州安置。六月六日自潮州起程，七月四日抵循州（今龙川）。

吴潜到达龙川后，寓居东山寺。龙川城位于东江（旧称龙江）西畔，为东江冲积而成的一片谷地，每当入夏雨季，十涝九灾，农田房屋受淹。吴潜在浙东任职时，在宁波鄞江修筑过很多坝堰，他把治理鄞江水患的技术带到了龙川，倡导并教当地人在东江大路田边修筑防洪堤，使龙川城免受十年九涝之苦。

循州东山寺不仅是善男信女顶礼膜拜之地，也是尊师重教之地。吴潜罢官贬谪循州期间（南宋景定三年，即1261年），在东山寺创设了"三沙书院"，又名"东山书院"，常偕士大夫、文人墨客在此讲授道经，并收取了百余名学生。他以饱满的热情，向循州学人传播先进的中原文化和南宋理学，开启了潮汕地区启蒙教育的先河。吴潜几度在地方任职，对平民教育倾注了巨大的热情，为推动程、朱理学的发展和传播先进的中原文化起到了积极的作用。

吴潜是南宋重要的词人。两宋时期是中国词发展的巅峰时代，大家蜂起，佳作迭出，吴潜就是这群星闪耀中的一颗。他的词风激昂凄劲，慷慨悲怆，题材广泛，主要是抒发济时忧国的抱负，也常吐露个人理想受压抑的悲愤，堪与稼轩（辛弃疾）词媲美。吴潜与同时代的文人骚客多有诗词唱和往来，著名词人吴文英即出其门下，任其幕僚。吴潜存世词作共计268首，《全宋词》收有其词256首，在南宋词坛占有重要地位,是南宋著名的实力词人,为南宋一大家。吴潜在龙川作有《谢世诗》三首、《谢世颂》三首,大多表达了矢忠报国,忧国忧民,却屡遭奸佞所害的悲凉、惆怅和愤懑,如《谢世诗》第二首"边马南来动北风,屡陈长策矢孤忠。群豺横肆嘉谋遏,仪凤高飞事业空。愁恨暗消榕树绿,寸心浸似荔枝红。欲知千载英雄气,尽在风雷一夜中"。

在循州被削职成为罪人的他,对他的政敌本已不构成任何威胁,然而,大权独揽的贾似道仍然怕吴潜东山再起不放过他。据《续资治通鉴》卷一百七十六"宋理宗景定三年六月(1262年)"载:"贾似道以黄州之事,必欲杀吴潜,乃使武人刘宗申守循以毒潜,潜凿井卧榻下,毒无从入。一日,宗申开宴,以私忌辞;再开宴又辞,不数日,移庖,不得辞;遂得疾,曰:'吾其死矣,夜必风雨大作。'已而果然。潜撰遗表,作诗颂,端坐而逝,循人悲之。潜即没,似道贬宗申以外议。"按照书中所记,吴潜是被贾似道所派亲信下毒害死的,并非正常死亡。《宋史·吴潜传》也记录了吴潜病卒于贬所,但并未记录病因或死因。不过吴潜死前的身心状态还是很好的,因而才有生前所作的"生在湖州新市上,死在循州贡院中。一场杂剧也好笑,来时无物去时空。"(《谢世颂》)他清醒意识到自己即将死于流放之地,把自己一生功业比作一场杂剧,难免让人联想到《续资治通鉴》所记载的死因。吴潜知死期已近,与人曰"吾其死矣,夜必风雨大作"。景定三年(1262年)五月十八日夜,东山寺上空果然雷声大作,狂风夹着大雨,一代忠贤良臣吴潜端坐屋中与世长辞,结束了他生命中最后一段"悲悲复怨愁,憔悴更憔悴"的岁月。循州百姓闻此噩耗,无不失声痛哭,哀声动地(《宋史》:循人闻之,咨嗟悲恸)。为纪念吴潜,当地人将他谪居的东山寺改名为正相寺,寺院旁的开元塔改称正相塔。

吴潜自下放到死去，在循州不过生活了14个月，所经历、所做的事都没有任何史料记载，但是从民间传说即龙川民众将城郊吴潜所下榻过的寺庙与古塔更名为正相寺和正相塔，可看出当地百姓对他是怀有崇敬之情的。据清嘉庆版《龙川县志》所记载的《东山书院记》称吴潜"尝携邑士大夫讲学"于循州城郊之东山，"而构院之于山之麓"，因山麓近东江沙洲，洲沙呈三色，故命书院之名为"三沙"。这表明吴潜在循期间，为传播传统文化发挥过相当积极的作用。明朝万历六年龙川知县重修南山二贤祠，将吴潜与苏辙、陈次升一道入祀，改二贤祠为三贤祠（嘉庆版《龙川县志·坛庙》），以表示对吴潜的敬重。宋度宗咸淳三年（1267年），朝廷曾追复吴潜为光禄大夫，吴潜算不上是了不起的政治家，他只是一位比较正直并且给百姓做过好事的官吏，因勇于直言而付出了生命，为此，循州的百姓哀其不幸，至今还在纪念他。

巫三祝（1594—？）

巫三祝，字献一，号疑始，谥文壮，生于明朝万历二十二年甲午年（1594年），是广东龙川县田心镇下塔村（现叫塔峰村）花树下巫子肖长子，兄弟共八人。

据《巫氏族谱》记载：明朝万历二十二年某日，巫子肖夫人刘氏，身怀六甲，产期将近；忽接赤光镇潭芬村刘家报信："刘母病危，望刘氏前去探视。"刘氏急忙传侍人备轿赶往娘家探望病母。近午到母家，入房看望重病的刘母；刘母刚见女儿病便好了大半。此时，刘氏坐于母房中的钱柜上。刘母说："刚才有几个人在此，你怎敢坐下去。"刘氏听后即站立，说无人；但只见几个蝗虫被压死于钱柜上。中午饭时，刘母像无病之人，吃了一大碗米饭。刘氏见母亲病无大碍，且自己临产在即，提出返回夫家。刘母说："使不得，你走了我就会死。"于是刘氏便留下。待半夜子时，刘氏生下一胖男孩，即三祝。当时流行"女不得在娘家生子"的风俗，违者当杀之。此时，刘姓人便组织百余青、壮年，手执横刃长柄的兵器在刘母屋前围住，准备杀死刘氏与三祝。在这千钧一发之际，刘母抱着外孙三祝在上厅天祖壁前跪拜，并念："上天保佑我女及外孙平安脱险，我外孙是下塔人，即从此走出。"并用脚对着天祖壁蹬开一个大洞，刘氏即冒死抱着儿子三祝从洞口逃出。因怕走大道被追杀，后沿屋背沟沥，进入小河往下游逃走，母子过后蜘蛛网即拉上。刘姓追赶人员碰上蜘蛛网，均认为母子不是从小河逃走，而停止追杀，这样，母子才逃过一劫，平安回到下塔家中。

　　回到家中，三祝父亲巫子肖见夫人抱着胖男儿回来，认为三祝不知是何人之子，遂将其丢入马厩中。马厩中的马全部当即跪下，面向三祝。巫子肖看此情境，心想三祝一定不是等闲之辈，必定是个了不起的大人物，将来必是有用之良才，故又将三祝抱回家中。刘夫人生下三祝满40天，按当地习俗，得回娘家探亲，于是一早传侍人备轿前往娘家。到了娘家，许多邻居村人都来看望三祝这位"神奇之人"，有些人还抱起三祝左看右看，只见三祝生得白白胖胖，天庭饱满，耳大如扇。此时，有一恶人混进来，假说也要抱三祝，趁人不意，将四根绣花针狠狠扎入三祝脑中，欲将他杀死。三祝大叫大哭不止，刘夫人遂将三祝抱回，看遍全身及头部均无发现异常。到了半夜，刘夫人抱着儿子小便时才发现他头顶上有四根绣花针冒出，当即将针拔掉，他即不叫不哭，安睡至天亮。第二天，刘夫人吃了早饭，带着儿子三祝回到下塔夫家。

　　日子一天天地过去，三祝已经五六岁了，偶尔还和母亲到外婆家做客。有一次母亲在外婆家中帮着做事，三祝则同邻居家的小朋友在外面放牛玩耍，有一个恶人仍念念不忘要杀害三祝，于是把三祝带到大崩岗顶，趁三祝不注意时，猛地将他推下崩岗，奇怪的是三祝被推落山顶时被一位白发老人托住。三祝几次大难不死的经历让人困惑不解，俗话说大难不死必有后福，欲加害他的人也不再有加害他的想法了。

　　巫三祝十岁能文，明崇祯元年（1628年）进士及第，历任吏部观政、西蜀富顺和福建福安知县、户部山西清吏司题掌郎中事、员外郎等职。为官廉正，惜财恤民。在福安为政六年，兴利除弊，深得士民爱戴，为他立祀生祠。崇祯十四年（1641年）回乡省亲，适逢清兵进逼龙川，三祝首倡立寨霍山，率众抗清，百里之内从者日众，虏骑数抵寨下，望而胆怯，相率而去。清廷不甘于此，特派钦差大臣，铺好地毡，请三祝公下山，坐轿到清廷为官，三祝对来者说："宁做明朝狗，不做清朝官。"三祝公坚决不出仕清朝，铮铮铁骨为人钦佩，世人多有传颂。隆武二年（1646年）冬，赵王监国于长乐，起用三祝，加封右侍郎，召到军前共商抗清复明大计。但当时大势已去，明朝将亡。据说，三祝穿好明朝官服及官靴，一脚站在霍山船头石边，一脚悬空摆三下，仰天大声疾呼："三祝有罪过在此中死；三祝无罪无过在此永生。"晚年持节不仕，筑彩云书院于霍山，以课业、著述自娱，寿八十。有《蘧园集》六卷、《霍山志》四卷传世。

刘政一（北宋，生卒年不详）

刘政一，龙川佗城人。北宋仁宗庆历二年（1042年）进士，历官翰林学士、国子监博士。致仕后尝与乡之文士结吟舍丁风台（五马山下），诗词颇负盛名。

宋 翊（南宋，生卒年不详）

宋翊，字叔晦，莆田人。南宋端平初年宋翊任循州太守时，曾率众筑堤蓄水，从城濠开闸，灌溉堤下千余亩田、后成鳌湖。清《广东通志》《惠州府志》《龙川县志》均有传。

李梦吕（南宋，生卒年不详）

李梦吕，龙川佗城人。宋宝祐四年（1256年）进士，授翰林学士。梦吕平生好做善事，活了100多岁。乡人见其乐善且长寿，便将他所住的地方命名为善庆厢。嗜咏吟，有《游罗浮》诗传世。清代《惠州府志》《龙川县志》均有传。

巫　荣（清，生卒年不详）

巫荣，字仁伯，号静园，自小聪颖，雍正癸丑进士，初补浙江义乌令，案无停牍，继授河南西平令。缘平邑向有暴水沉溺，顽枭劫夺之患。百姓深受其害，爰申宪具俸请兵以除，平邑大患得息，士庶建青天祠以祀之，其联云：志剪顽枭，官为枭某心无憾，力除暴水。民去水灾功有成，年将古稀解甲回乡，邑中请掌三台书院六年。教育不倦，及耄。吟咏不辍，勤课儿孙。初不计及产业，惟冀书香于勿替云。

黄 沄（清，生卒年不详）

在清朝雍正、乾隆年间，龙川周洋约（今龙川县铁场镇洋贝村）有一黄姓族人，他们以兴学为乐，以耕读传家，以文章为贵，以知礼为荣。"朝为田舍郎，暮登天子堂"的传统思想深深扎入黄姓族人心间。非耕即读，耕读传家，是周洋黄氏族人最基本的生活方式。正因为他们重视教育，崇尚文化，其家族曾出现"兄弟同科"（黄沄、黄洲同登广东乡试榜，即中举人，且黄沄联捷进士）、"三代科甲"（黄宏为乾隆元年丙辰科联捷进士；黄宏之子南伟为乾隆己卯科举人；南伟之子稼霖为乾隆丙午科举人）的盛况，广东主考官和乾隆帝先后为这两户人家赐匾。真可谓是"千秋永照，光宗耀祖"。

《龙川县志》（嘉庆戊寅版）载："黄沄，字川秀，号省菴，士林之子，至性孝友，笃志力学，以利济为己任。雍正壬子科举于乡癸丑登进士，授工部屯田司额外主事。居官勤慎，启陈利弊，升工部侍郎。果亲王赐有养竹记，并联以劳，卒于宫。"

黄沄，从小就与黄洲在其生员（秀才）堂叔门下授业。他聪颖过人，五岁时能诵三字经，七岁能颂千字文，且过目不忘，稍长习通鉴和诸子百家，浏览东周列国志，学习"三苏"（苏洵、苏轼、苏辙）、策论等。十二岁那年，堂叔带他到县城参加生员考试时，连日常生计都需要其堂叔侍奉。应试者视其为童子，有些应试者就嘲弄他道:"个头小小,心气高高,也想中秀才?"黄沄回应道:"个头高高,心气小小,岂能得生员?"在场之人皆无言以对。第二天考试时,由于平时下足了功夫,黄沄得心应手,应试时间仅过一半就潇洒离场,师生都很惊讶。揭榜时,黄沄名列榜首,师生无不折服。两年后,黄沄的弟弟黄洲亦不逊色,在县生员的应试中一举夺魁,成为当地的小秀才。

为使沄、洲兄弟得以乡试入榜,其父黄士林将他俩送往广州求学。有一年端午节,黄沄父亲去广州探望他们,在宿舍里见其兄弟铺盖未开,很是疑惑,后来得知,他俩每当研读疲惫时,便伏案就寝,天暖时节他俩的铺盖几乎很少铺开过,可谓"头悬梁,锥刺股",废寝忘食。清雍正十年壬子科(1732年),兄弟俩同年参加广东乡试。京城主考官听说有兄弟同科者,便召见了他们,希望他们刻苦学习,冷静赴考,认真答卷,同登龙虎榜,为家乡父老争光。受主考官的鼓励,在乡试时,兄弟俩认真思考,冷静以对,出色地完成了科举考试,双双登上龙虎榜。主考官为其颁发"兄弟同科"之牌匾。这便是"兄弟同科"之前因后果。

雍正十一年癸丑科(1733年),兄弟俩同赴京城参加会试,在最后的殿试中,黄洲功亏一篑,而黄沄则进士及第,被雍正帝钦点为工部屯田司主事(正六品)。

工部屯田清吏司是我国明清时期工部下设的机构,是清代工部所属四个清吏司之一。主要职能是管理东西二陵寝的修缮及核销费用,支领物料;管理百官坟茔规制大小、碑碣式样、看坟人数及赐葬给值等项;主管本部所属汉官的任免以及工部各司工匠定额、钱粮等事;管理各地煤窑开采及供应官用薪炭;征收通永道船、木税,西山官窑煤和天津海苇税。这项工作,按今天的说法是"肥差事",只要稍微放松一下,自己就有数不清的钱、用不完的物、吃不完的食。而黄沄则居官勤慎，毫无私心，从不贪墨，而赢得清廷认可。乾隆继位后，黄沄升迁为工部郎中（正五品）。

清代的郎中为司官，下设员外郎、主事。辖营缮所、文思院及局、库、所、提举司等机构，掌管经营兴造之众务，凡城池之修浚，土木之缮葺，工匠之程式均属其管辖范围。在这个岗位上，黄沄常常告诫自己，身为财政官员，要少于交接，少于游宴，非施勿拿手不软，非宴勿吃口不谗，非分勿想心不惊。他常说，人之为官，志在君民，断不可贪赃枉法，自坏身心，饴羞后人。因此，在任郎中期间，黄沄严于律己，洁身自好，防腐拒腐，工作认真负责，每一笔开销他都要严格审核，从不马虎应付，赢得清官之赞誉，深得直管工部的果亲王允礼之赏识。乾隆元年，果亲王允礼亲自用墨宝将白居易的《养竹记》赐予黄沄，希望他像竹子那样"竹似贤，竹本固，竹性直，竹心空，竹节贞"、"固以树德，直以立身，空以体道，贞以立志"。此后，黄沄以竹之节操品性为修身立命之典范，追求清丽高洁的雅趣，深得乾隆的信任，至乾隆五年，黄沄年年进步，年年上一台阶，被提升为工部侍郎，成为工部的副官。

工部侍郎在清代是从二品官员，相当于现在的副部级干部，主要是管理全国工程事务的机关。职掌土木兴建之制，器物利用之式，渠堰疏降之法，陵寝供亿之典。凡全国之土木工程、水利工程、机器制造工程(包括军器、军火、军用器物等) 以及矿冶、纺织等官办工业，均属工部管理范围，且还主管部分金融货币和统一度量衡等工作。黄沄虽为财政官员，但从不谋取个人私利，为官清廉，政绩颇丰。他陈明利弊，曾向乾隆帝上疏，凡州县的土木水利工程，须按一定的程序上报朝廷，由朝廷派员督查和审计。乾隆帝采纳了他的建议。在治理黄淮河道修筑事务时，他亲赴现场，实地考察，制订切实可行的治理方案，花较少的钱办较多的事，真正做到了爱民、体民、恤民。在工地上，他与广大民众一道固堤筑防，修房搭棚，以平民之仪，风餐露宿于草芦之中，得到当地官民的拥戴。乾隆开颜，百姓欢心。在此期间，其母六十寿辰，也不告假拜寿，坚守工地，仅修书数语寄回，以尽孝道，以表孝心，被乡人传为佳话。

黄沄为官清廉，体恤民情，生活俭朴，因过度劳累，回宫不久就卒于宫中。乾隆帝为嘉其功绩，派钦差将其灵柩护衬回乡安葬，并令不准启棺挖迁。当钦差把果亲王特赐的墨宝《养竹记》交给黄洲时，黄洲泪眼蒙蒙，过于悲伤，不慎将墨宝掉进烈火炎炎的焚盆里。从此，果亲王的墨宝《养竹记》，退出黄家，化作缕缕青烟，与黄沄相守相伴。

叶铭熙（约1782—？）

叶铭熙，原名铭龄，字锡瑞，号西屏，是龙川县丰稔镇人，嘉庆年间的进士。

叶铭熙从小勤奋好学，聪明过人，每次考试均名列前茅。在乡试中考取秀才，后刻苦读书，三年后（于嘉庆七年，即1802年）进京殿试。因康熙皇帝有个"熙"字，为避讳所以改名为"铭龄"报考。那年监考官刚好是铭熙的老师，他在评卷时看了铭龄所写的文章，觉得风格、文采与他的学生铭熙所作完全一致，但名字不符，误以为铭熙兄弟，经与其他监考官商议，报呈皇帝同意，钦定其为壬戌科"三甲进士"。按照铭熙的文章才华可钦点"翰林"官衔。

铭熙考取进士后，被朝廷派往直隶省顺德府钜鹿县（今河北省正定县）任县令。这是非常有缘分的事，因为龙川县首任县令赵佗即是钜鹿县人，近2000年后，一位龙川人又到赵佗老家任县令，在龙川一时传为美谈。

因在钜鹿任职期间有功，不久被朝廷派往黄河流域任太守。年老回黄岭子芬大屋定居，生有五子。现在在祖芬叶屋里，还保存着一块题有"恩荣"二字的木匾。有人推断，这是叶铭熙于嘉庆七年中进士后朝廷恩赐之物。在祖芬叶屋，当地一位村民还给记者看了其中两块断匾，在这块断匾上能辨认出一些字——"监临兵部侍郎兼都察院右副都御××广东地方提督军务兼理粮饷陈大文",另外一块断匾上有一个大字"兴",落款为"诏授资政大夫内××士兼×郎加三级待生吴烜顿首拜"。这些遗留下来的匾可能都与叶铭熙有关。

  叶铭熙对黄岭村乃至龙川县文风的进一步兴盛有着重要的榜样作用,为龙川人民所敬仰和铭记。

张子筠（1837—1878）

　　清朝同治、光绪年间，粤东北乡土诗人张子筠曾写过《酿豆腐十二韵》，将此物的制作过程诗化。诗云："来其清且洁，况兼美在中。剖云分片片，切玉镂空空。料选鱼和肉，香储酱与葱。敲砧声欲碎，举匙派偏公。酝酿功深得，包罗式更丰……调剂资人力，酞醇借火攻。"（民国二十一年版《竹人诗集》）表明此物至迟在清末已名声大噪，但其作为客家菜肴的历史，却更为久远。

张镇江（1847—1941）

张镇江，字日帆，龙川县黄布人，他一生致力于教育事业，幼时聪颖好学，学识广博，尤其精通诗文、上古史。清光绪二十一年（1895年）为庠生，废除科举诏令下达前后，毕业于惠州初级师范，应聘通衢明新高等小学堂，在此执教达五年之久。民国元年（1912年），龙川县立高小学堂改称县立第一小学校，张镇江贤名远播被聘任为校长。翌年，张化如等革命志士在家乡龙川创立县立中学，聘任张镇江为国文、历史教员，不久袁世凯复辟称帝，张化如奉命离校讨袁，张镇江任副校长，他学识渊博，令师生敬佩，他锐意兴学，带领县立中学积极进取成绩显著，于民国六年担任校长。

县立中学创办伊始，因资金匮乏，校舍不够，急需用城隍正殿，当时在民众中存有一股守旧势力，反对新学，多方阻挠，企图将龙川中学扼杀于襁褓之中，县城土豪劣绅勾结县知事周德鳌，初以所谓"消灭神权、男女同校有伤风化"等罪名逼走张化如校长，继以学校占用城隍庙有辱神灵为借口，纠集神棍流氓殴打学生，毁坏校舍，致使学校被迫停课。化如先生遇此险阻，毫不畏惧退避，办学之志益坚，率全校师生联络社会各界开明人士持续抗争一年之久，最终取得胜利得以复课。但学校经此一劫，元气大伤，如处风雨飘摇之中。随后张化如先生离校参军，校长一职不能一日无人，张镇江品学兼优，德高望重，被大家公选推任为校长。镇江先生受命于危难之际，义不容辞，毅然挺身而出，号召邑中民众同心合力，坚决与守旧派斗争，终使龙川中学得以复原，自此任职十年有余。

民国十四年（1925年），川中、简师、高等小学等三校合并，张镇江主动退居，举荐原县高等小学校长骆昂三任校长，自己任副校长。两人精诚合作为时人树立团结共事的楷模典范，推动了龙川的教育事业。

民国十五年（1926年），时任龙川县长的陈逸川吸食鸦片，卖官鬻爵，鱼肉龙川百姓。龙川中学师生编写《烟长末日》话剧并公演以此讽刺，陈逸川知道后亲自带人闯进学校把张镇江等人逮捕拘禁，还通缉教务长黄麟书等人，并查封了学校。龙川民众愤怒不已，后来师生派出代表联合留在省城的学生邓鸿芹、黄振汉、张道隆等多人到广州国民教育厅请愿。经过艰苦斗争，当局在公众的压力下，陈逸川被撤职，被捕师生获释，学校复课，张镇江被释放回校继续主持校务工作。张镇江在龙川中学一待就是十几年，在此期间他发扬民主、教育有方、治学治校严谨、待人敦厚谦逊，深得全县师生民众的拥护与爱戴。

民国十九年（1930年），张镇江因顽疾缠身，请求辞职，获得批准。但仍被学界推举负责县修志馆馆长之职，他不顾病体调集全县学界人士100余人，费时十载，终于编写出清嘉庆至民国二十三年《龙川县志》初稿，功德圆满，可谓是龙川县志史上的功臣。他著述颇丰，著有《蓝关之研究》《雷乡野乘》《戏狱杂咏》等书传世。民国三十年（1941年）7月，张镇江因中风医治无效，在家逝世。

镇江先生以一平民，一生矢志教育，几十年如一日，兢兢业业，不图名不图利，总计培养毕业学生逾千人之多，造福乡梓，泽及后辈，其功不可没。

吴德亿（1916—1942）

吴德亿，龙川铁场镇下湖村人。其为人忠直勤恳，篮球技艺甚佳，技术为粤、桂、湘三省球迷所敬佩。民国时期，吴德亿被誉为"三省（粤、桂、湘）球王"。

龙川体育运动历史悠久，早在清朝光绪末年，龙川就开始开展体育运动。出生于民国初年的吴德亿便是在浓厚的体育文化氛围中成长起来的。他自小酷爱运动，在帮助父母完成田间农活时初显运动天赋，常常以飞快的速度越过田埂山头。正是因为自小劳作锻炼，吴德亿体力极佳，很早就开始凸显其高于同学的运动天赋，小学、中学老师都慧眼识珠，认为吴德亿应该往体育方面发展。在老师的提醒与精心培育下，吴德亿选择了报考体育专科院校，成绩突出的他很快就被学校以专长生录取。吴德亿在校期间得到了良好的技术训练，尤其在篮球上显出独有的优势与技艺，1939年毕业于广东省立体育专科学校。随后在省立韶州（今韶关市）师范学校任体育教员。曾先后代表学校、地方政府组队参加了广东省"青年杯""长官杯"篮球赛事。时值抗日军兴，1941年国民政府第四战区抗日将领梁华盛将军组织"华队"篮球队，吴德亿被聘到了柳州，服务于战区政治部并任篮球队长之职。其间远征粤、桂、湘三省内大小数十场赛事，所向披靡、未曾败北。吴德亿每次出场均表现出色，其技术独特，尤以单手投篮为最,且几乎百发百中,故获得"三省球王"之美誉。吴德亿作为龙川走出的"灌篮高手",在一定程度上影响了龙川的体育文化事业的发展,当地政府开始逐渐重视龙川的体育教育。在吴德亿以后尤其是新中国成立后,龙川更是体育人才辈出,体育健儿在省、全国、国际等赛事中为龙川体育史谱写了篇篇新章。1956年,在青岛举行的全国第一届少年运动会上,龙川籍健儿魏成姐在中长跑800米比赛中初露锋芒,显示了龙川县田径运动的潜在实力。1982年,龙川县体操运动员崭露头角,体操选手黄秀芳在法国举行的第五届世界中学生体操锦标赛上夺得全能、高低杠第一名。不得不说,榜样的效应是无限的。

  1941年吴德亿率"华队"远征韶关,连战皆捷。然天妒英才,1942年1月,吴德亿被发现患上咽喉癌,病势益剧,药医无效,延至26日下午5时与世长辞,年仅26岁。追悼会由教育厅厅长黄麟书主持,悼念者数十人,从此,球场失去了一位冉冉升起的新星,"华队"亦从此失去灵魂,力量大减。虽然正在体育事业上升期的他匆忙走完了短暂的人生,但他在龙川、在广东的体育界写下了重重的一笔。

邬保良（1900—1955）

邬保良，龙川县紫市镇坳背村人。自幼勤奋好学，曾留学美国，毕业于华盛顿加多里大学，获化学博士学位。民国十七年（1928年）回国后，历任中山大学、安徽大学教授，武汉大学化学系主任和理科研究所所长、理科季刊总编辑，中国化学工会编辑等职。新中国成立后，首任武汉大学校务委员会主任委员和武汉市第一届人民代表大会代表。邬保良学问渊博，精通英、法、德、俄四国文字，对原子理论研究造诣尤深，是新中国早期核理论专家之一，著有《静核构造理论》等书，受到学术界的重视。1955年1月在武汉病逝，终年55岁。

张化如 （1877—1959）

张化如，原名彬松，礼名贞一，字野仙，人称里予山人，广东省龙川县紫市镇仁里（庄头）村人，生于1877年十二月初八。

张化如幼时家贫，就读村内私塾。12岁时曾和弟弟耀松于夏历春节正月初三将村内敬送穷鬼的香烛祭品一扫而空，破除村人的封建迷信，因而遭到村夫村妇的唾骂，而化如始终坚持反对迷信。14岁时舅父介绍到鹤市石狗岭下恩义堂（福音堂）去读书，此堂收费很少，全年的学费包括柴水杂费，仅收一吊钱（一元），使化如有机会继续就读。该堂由教会所办，比较重科学，化如开始学习算术、地理、格致（物理）等课目，知道了世界上的许多新事物。在学习期间他受到基督耶稣教义影响，接受了洗礼的仪式，礼名贞一。化如在石狗岭福音堂读书几年，受到名师黄槐的特别教导，学业精进，深得该堂师生的重视。

1894年中日甲午战争以后，化如深感国家的耻辱，起了强兵雪耻的思想。德人教师募兴立介绍他到天津官立武备学堂求学，但因化如非贵胄子弟，而且家贫，乃不得入，后转就新安县（旧时深圳所在地）李朗神学院就读，一切学膳杂费均由学院供给，化如遂安心攻读。李朗神学院毗邻深圳，那时英帝国主义不断扩张，深入到大埔粉岭一带，常常听闻平民百姓被欺压的事情，更激发了化如的革命热情，他参加了兴中会，加入到灭清兴汉的革命活动中去。

化如于李朗神学院毕业后，教会派他到兴宁刁屋坝教堂传道。到职不久，值兴宁城发生严重流行性脑膜炎，死亡人数不少，当时医学知识匮乏、落后，百姓以为是瘟疫流行，城内居民纷纷下乡避难。化如不怕被传染，亲自入城下乡、诊治病人，经他治愈的不下四五十人。他不接受病人的招待，不收诊金，并乘机向病人家属宣传预防疾病，注意卫生清洁，避免传染的方法，深得兴宁人民群众的好评。

他在兴宁传道时，常为人排忧解难，深得地方民众欢迎。郑连葆夫妇（美国檀香山华侨）尤为称许，将其女郑路德（肇凤）配予化如。化如在兴宁传道四年，感到革命形势日益高涨，乃辞职转赴山东青岛入德人所办的德文学院深造，此后他结交各方革命志士，特别是和安徽同学张浩然结成革命的知心朋友。

他在青岛德文学院学习期满后，在广东紫金县古竹乐育中学师范学堂任教，任教期间，他提倡新思想，灌输革命知识，重视科学教育，诲人不倦。

1910年初，应地方人士之请，化如辞乐育中师学堂教职，就任龙川县立通衢明新学堂教席，他就是在明新学堂时进行革命活动，向师生灌输革命思想教育。据当时的学生何德辉回忆，化如有一次讲授历史课时，讲到清朝入主中国时强迫汉人剃头留发的惨痛史实，当时有"留头不留发，留发不留头"的命令，致有"嘉定三屠""扬州十日大屠杀"的惨案。讲时声泪俱下，学生深受感动，凡留有辫子者，在一夜间全剪掉。当时的科举考试制度虽已废除，但学生仍给予"秀才"或"贡生"的衔头，穿绣衣戴红顶子，大摆筵席表示庆祝，化如在赠毕业生的贺联中有"毋以奴隶衣冠便忘了菜根滋味……"之句，以警戒学生，足见语重心长。

辛亥革命开始，化如即离校参加革命工作，光复了龙川，龙川县城被河源南坝柳城土匪式的"革命"所蹂躏，化如乃只身赴广州，由邓仲元介绍会见陈炯明，请其派军和自己东上安抚，地方才获得平靖。1912年化如被任命为龙川县督学局局长，筹办龙川师范及中小学堂，培养师资，并将他们分配到区乡村，成立乡村小学。他将各乡族的蒸尝神会的部分租谷拨归学堂经费，普及国民教育。一时小学如雨后春笋般林立，成绩卓著。同时化如在木村仁里筹建一座规模宏伟可容学生五百名的校舍，实行男女同校，足见其思想开明。

1913年袁世凯逐国民党人，派龙济光率军入粤，将督学局取消。是年秋化如则专任龙川中学校长职，龙川中学的校舍原是考棚旧址。因堂舍不足，乃将隔邻的城隍庙一部分作为学生宿舍和膳堂，因此遭到城乡封建迷信的豪绅神棍所仇视。他们借端寻衅，殴打师生，破坏学校秩序，以此来反对化如的革命行动。这些土豪劣绅和头脑顽固的龙川县长周德馨、豪绅沙宝璜等互相勾结，捏造十大罪状向龙济光控告化如，化如因此被龙济光通缉，不得不离开中学。但化如坚持真理与之斗争，终于使周德馨撤职，沙宝璜受到处分。当时龙川流行一副有趣的对联，以贞（真）一名字为联首的，以评价化如的为人，联云："贞（真）是爱国热肠，挽回反正扶危局，购枪械，请救兵，置性命而不顾，舍县长而不为，有志者君子兴思，士林崇拜。一般太西习气，难免世俗谗言，宗耶稣，废神权，毁拆寺庙扁联，公道自在人心，无怪于愚夫讪谤，整党憎嫌。"

1916年护法讨龙济光之役，化如罢了笔杆，拿起枪杆，他奉命任东江第七支队司令，组织军队进攻河源、和平。讨龙军事结束后；部队改编，由关文松任营长，化如离军赴京沪游览。

1917年陈炯明任援闽粤军总司令，任命化如为援闽粤军第十九营营长，接回原来部队，归熊略统领管辖。十九营进攻闽南树立战功，攻下漳州后，化如被提升为统领。后因为和熊略意见相左，调任为龙岩县长。1920年夏秋，粤军回粤，将闽南防地移交闽军，减致平接防，化如辞县长职率军回粤，进攻连平、河源。当粤桂两军在东江激战时，化如向陈炯明介绍黄雪琴（省会议员），陈炯明即委派其为义勇军统领，组织民军助战。黄雪琴在河源迴龙战死。粤军胜利后，化如改任团长。

1921年粤军进攻广西时，化如被调到阳江任警备司令，后擢升为旅长。自邓仲元被狙杀后，陈炯明叛变，叶举炮击总统府，孙中山离粤赴沪，可惜化如处此混乱局面，不能摆脱危局挺身而出。陈炯明失败后，化如隐居家乡，协助地方建设教育交通事业。

1927年夏，广州大举捕杀共产党人。化如有个同乡是广州粤昌旅店店东黄雨邨，其儿子是共产党员，脱险避难香港，黄雨邨爱子情深、悲痛忧虑，化如劝慰他说："照我的看法，共产党将来必会成功，不必伤心"。新中国成立后黄雨邨的儿子及其女儿均参加革命工作，在北京各地任要职，黄雨邨虽年逾古稀，仍几次赴京和他儿女团聚，他曾对人说："化如先生眼光远大，卓有预见，深感佩服"。

1929年到1930年，化如受聘为梅县乐育中学校长，时张友仁任东路公路处处长，请化如兼任第七工程处督修专员。龙川老隆至五华岐岭这段公路，对于沟通东江韩江运输起了重要的作用。后化如又倡议建筑龙川全县公路网，推举地方人士组织龙川县筑路委员会，将隆岐路收入一部分划拨为筑路会经费。亲赴各区乡踏勘路线，爬山越岭，计划全县公路线网，不辞劳苦，克服阻力，终于成事，深得地方人士信赖。

1934年，陈济棠委派化如为南山移垦委员会委员，协助张瑞贵搞移垦工作，南山是潮阳、普宁、惠来三县交界地区，崇山峻岭，地势险要。化如负责督办鳌岱公路完成任务，便利交通，促进生产，安靖地方。

1935年春，陈济棠为了巩固广东地盘，保持军阀地位，对抗蒋介石，建筑连平、忠信至粤汉路大坑口站的战略公路，委派化如任军路工程处主任。工程尚未竣工，而陈济棠倒台，化如亦随之而离职。当时领存工程费六七十万元。交接时除核实支用外，仍余有四十多万元，化如将余款全数缴回第四路军余汉谋手中。

1937年，"七七"卢沟桥事变，日本帝国主义大举侵略我国，全国人民奋起救国，组织抗日人民武装。1938年秋广州沦陷后，化如被任为广东第二十一区游击司令，组织东江各县人民抗日武装，司令部设在老隆。当时张酝村、张文两人也驻在司令部内。不久游击司令部取消，化如乃退居家中。1939年7月，广东省主席李汉魂委派他为当时的陆丰县县长，在任两年，化如重视人民生活，兴修水利，筑陵挖圳，灌溉农田，垦殖荒地，扶植青年，起用进步人士叶子弼，反对封建豪绅势力，关心民计，激发群众抗日热情，深得人民爱戴。1940年初，两广监察使刘侯武到陆丰视察，亦加赞誉，咨请广东省政府传令嘉奖。但是当年春夏间粮荒严重，化如派人到紫金县省粮库购买粮食四五十万斤接济荒民，因受到该粮库管理人员借故勒索额外附加费，辗转交涉，拖延日期不能将粮食按期运出接济难民，又因气候潮湿，粮食发霉。省粮食局为了推卸责任，反以玩忽粮政罪名控告化如于省政府，主席李汉魂听信一面之词，未经调查即将化如撤职，因此化如又退居乡间。

1941年化如先生在家乡目睹当时设在通衢的龙川一中分教处已不能满足学生入学要求，便倡议在鹤市金安坪建设一所中学。该处原是各族姓的祖坟墓地。地方人士迷信风水，谁也不敢动他们的祖坟。但化如先生深得地方人士信赖，其倡议得到大多数群众赞同，虽有少数人反对，也不敢公然抗拒。当布告限期挖掘坟墓迁葬骨骸时，当地人民都能依时迁葬，就这样，一所规模宏伟、可容千人的中学终于在金安坪建成,原来的"三中"改名为金安中学。后来,化如先生七十寿辰时,其将地方人士为他祝寿的寿仪、礼金全部作为建设金安中学科学馆之用。后来,这所科学馆被人们命名为"化如科学馆"。

1942年冬,港九沦陷,留港九进步人士为了避免受日本帝国主义的迫害,纷纷回内地开展抗日活动。民主人士陈汝棠由香港到五华粘坑村徐境如家居住,不久又寄居龙川鹤市区船坑村张炳卿家。徐张两人都是化如的好友,特介绍陈汝棠与化如认识。两人谈到革命形势,极为投机,化如乃多方支持和掩护陈汝棠在东江一带的革命活动。化如对张克明在龙川被捕,也极力设法营救。

1947年春,化如应崇真会总会聘任为梅县乐育神学院院长,有机会和梅县进步人士联系。1948年夏辞神学院院长职,赴香港和李济深、李章达、张丈、饶彰风、陈汝棠、丘哲、张克明等联系,参与革命活动,以张鲲名字加入"民革"组织。

1949年5月14日,曾天节等在老隆起义,配合粤赣湘边纵队解放了东江各县;华南分局成立东江行政委员会,化如被任为委员。1949年10月14日广州解放后,留港九民主人士大部分回广州参加革命工作,化如任龙川县土改委员会委员、省人民政府参事室参事、省政协委员。这时化如虽年事已高,仍积极工作,努力学习,热爱共产党,为社会主义事业做出很多贡献。

化如先生于1959年10月3日病逝于广州,终年83岁,骨灰葬于银河革命公墓。

(载《龙川文史》第一辑)

魏秋环（1923—1970）

魏秋环，又名魏明海，龙川县龙母永和人。他出身贫苦，少年丧母，在祖尝资助下，毕业于龙母高等小学。民国二十八年（1939年）加入中国共产党，由党组织安排在龙川电话局工作，掌握了大量敌情，出色地完成党交给的任务。民国三十四年（1945年）任育英小学校长，以教学作掩护进行革命活动，筹粮筹款，支援游击战争。民国三十六年（1947年）秋参加武装斗争，历任新生队和黄维枝中队、杨荣烈中队指导员。民国三十七年（1948年）部队开赴河西，他被编入东江第二支队三团云南队。秋环在参加大人岭等五战五捷战斗中，身先士卒，奋勇杀敌，为人民解放事业做出了贡献。

1945年5月龙川解放，秋环任一区区委书记（督导员），后任龙川县政府群运科长、中共龙川县委委员。1952年任龙川县委组织部长。1954年至1964年任龙川县委副书记、龙川县委第二书记、龙川县长等职。

1964年春调任博罗县委书记。他面向基层，深入农村调查，团结带动一班人，同心协力，大搞农田水利基本建设。"文化大革命"初期受到冲击，身心遭受迫害。1969年任惠阳地区革命委员会常务委员兼惠阳县委书记、革委会主任。1970年任梅县地区革委会副主任。他由于长期艰苦工作，积劳成疾，1970年5月17日于广州中山医学院第一附属医院病逝。

黄 强（1888—1974）

　　黄强，字莫京，龙川县附城水贝人。清末毕业于保定陆军军官学堂，后入法国里昂大学攻读洋务。回国后出任外交官、粤军第一副官、东江巡按使。民国元年（1912年）5月受命"清乡"。民国二年（1913年）"二次革命"失败后，被袁世凯通缉，避往海外。民国五年（1916年）1月，袁世凯称帝，黄强回国投军讨袁，讨袁战事结束后，迭任虎门要塞司令、粤海关监督、省府工务局局长、省甲工专科学校校长、省保安处处长、省第九区行政督察专员、第十九路军参谋长兼厦门市市长等职。抗日战争时，被蒋介石派往安南主办外交，负责筹运军械。抗日战争胜利后，与龙云协助安南接受日军投降。民国三十五年（1946年）回粤任敌产管理局局长，旋赴台湾协助魏道鸣处理台湾政务兼高雄市市长，后因年事高离职。1974年谢世，享年86岁。

彭赤霞（1877—1976）

彭赤霞，原名建标，龙川县车田高岭村人，清末庠生（即秀才）。辛亥革命前，先后毕业于惠州初级师范学校、广东法政学堂。民国元年（1912年）加入同盟会，投身民主革命运动。

民国始建，赤霞任广东省议员。民国二年（1913年），当选国会参议员，长驻北京。在反对袁世凯复辟帝制的活动中，一度被捕入狱。袁世凯称帝失败后，军阀混战，民不聊生，他对此非常愤慨，猛烈抨击。民国六年（1917年），赤霞受命往上海调查鸦片案，查实副总统冯国璋涉入，立即著文揭露。民国十二年（1923年），直系军阀曹锟贿选总统，他不为所动，出走上海，与粤籍8名国会议员联名通电全国，严正声讨曹锟贿选总统、强奸民意的罪行。不久，随孙中山南下，拥护孙中山护法运动和组织广州军政府。民国十三年（1924年），他正式使用"赤霞"别名，出版《赤心》专刊，表明拥护工农革命的政治立场。民国十五年（1926年）春，他遄返龙川，投身工农革命运动，被选为县农民协会委员。"四·一二"事变后，国民党右派进行"清党"，他一度避居省城，执律师业，并积极支持龙川留省学会开展救国爱乡活动。民国二十六年（1937年），他从广州返回龙川，先后任龙川县抗敌后援会委员、黎咀区区长、国贤小学校长等职务。

新中国成立前夕,赤霞去台湾探亲。1949年冬,回县以民主人士代表身份担任县建设委员会委员和县各界人民代表大会常务委员的职务。1955年任广东省文史馆馆员,从事广东文史研究工作。1976年寿终广州,享年99岁。

陈 超（1923—1980）

陈超，又名陈其祥，龙川县佗城四甲东坑村人。幼年因父亲参加革命，家财被劫，无法上学。后得外祖母资助，毕业于县立一中高中部。民国三十五年（1946年）加入中国共产党，任四甲党支部宣传委员。民国三十六年后，先后任河东大队看守所所长、交通站站长、四甲民兵常备队指导员等职。

1949年6月龙川县人民政府成立后，陈超先后任公安局看守所所长、公安二连指导员、公安局秘书。1952年后任上坪区、岩镇区区委书记。1954年任龙川县委委员、县委常委。1956年任龙川县副县长。他在任内大抓农田水利建设，全县兴建一批山塘水库，扩大了旱涝保收面积。1961年分管林业，陈超马上从水利专家"改行"农业专家，他发现油桐的重大经济效益后极力推广油桐种植。油桐是特产于中国南方地区的重要木本油料树种，其种子所制的产品——桐油，是称誉于国内外的重要工业原料。油桐是龙川主要产业之一，有悠久的栽培历史，群众培植经验丰富，但是未发展成一定的产业，都是分散种植。龙川油桐籽出油率高，生产出炉的桐油质量好、品质优，是出口创汇的优质农特产品，存在明显的优势和潜力。陈超接手后开始狠抓植树造林，把通衢、龙母等8个公社划为油桐生产基地。1963年陈超代表龙川县出席在北京召开的全国油桐生产会议后，发动群众，大种油桐，几年内全县种下油桐17万多亩，被列为全省油桐生产基地县之一。

1965年陈超任龙川县县委代书记，根据龙川特点，做出"治山、治水、改造山坑低产田"的计划，突出抓水利建设，全县兴建一大批小型水库和中型水库，为龙川农业生产和工业生产的发展打下坚实基础。"文革"中，他受审查，挨批斗，身心遭受迫害。1973年调任和平县委副书记兼县革委会副主任，后任惠阳地区基建委员会副主任。由于工作强度大，陈超常年带病工作，且一干就是数个小时，加上"文革"期间身心受到很大的迫害，其于1980年9月在龙川医院病逝，终年57岁。

萧 殷（1915—1983）

萧殷，原名郑文生，1915年8月16日生于广东省龙川县佗城竹园里。他自幼聪明好学，有着客家人特有的社会责任感，为了梦想、为了读书、为了写作、为了生存、为了革命，他曾踏遍半个中国，到过广州、武汉、北京、上海、延安以及陕甘宁、晋察冀、冀晋鲁豫等根据地。他是活跃在中国现当代文坛上集作者、批评家、文艺理论家、编辑、学者和文学文化工作的领导者等等多重身份的客籍子民。他一生主要从事报刊编辑、文艺教学、文艺理论研究，在我国文艺界和新闻界都有较大影响。新中国成立后，他曾先后被选为中国作家协会理事、广东省政协委员、广东省文联副主席、中国作家协会广东分会副主席、党组副书记、中国广州笔会中心理事，被聘为中山大学、暨南大学教授，1985年荣获广东省首届文学评论荣誉奖和1986年第二届鲁迅文学奖特别奖。

他自小丧父、家境贫寒，生活相当困难，母亲因风湿长年卧病在床，家里仅靠哥哥在城里当店员取得的微薄工资度日。萧殷在哥哥和几位老师的资助下才得以在龙川读完初中，期间因几次欠学费差点辍学，这让懂事的萧殷倍感学习机会的难得，因此利用学校图书馆读了大量的文学书刊。毕业后萧殷以优异的成绩考入广州美术学校中画系，一年后因经济困窘辍学回乡当小学教师，从此开启了他的文学创作之路。1932年至1936年，他在龙川小学边教书边进行写作，因家境贫困，其自幼与贫苦农民生活在一起，见惯百姓被压迫得难以维持生计，熟悉他们的生活也同情他们的不幸，他开始以写作为利器，控诉、揭露万恶黑暗的旧社会。在短短的数年中就发表了反映劳动人民悲惨命运的小说三十余篇：其中1932年至1935年，在广州《民国日报·东南西北》上相继发表《疯子》《乌龟》等短篇小说，揭露社会的黑暗，表达对下层劳动人民的深切同情。为了不暴露姓名，发表作品时他分别用萧英、何远、黎政等笔名。1936年参加进步文学团体"广州艺术协会"（实际上是抗日学生运动的指导机构），期间接触到许多进步青年，萧殷也倍感振奋，继续用文字猛烈抨击蒋介石的反动统治，揭露旧社会的腐败和黑暗。很快，这位进步青年被当局盯上，为了避开反动当局的搜捕，同年10月，萧殷逃亡上海。

随着抗日战争爆发，萧殷也加入到抗日的大潮中，他参加了党领导的"上海防护团"，在其中任战地记者负责报道宣传抗战工作。后因战争形势发生变化，他从上海撤退，在武汉与范长江同志一起编《新闻记者》月刊。1938年8月辗转到延安，进入鲁迅艺术学院学习，同年10月加入中国共产党，此后在中央党校任文艺研究员。1939年被派到敌后革命根据地，任太行山《新华日报》编委，活动于太行山和冀南平原，在冀南游击战争中腿部负伤，成为我军二等乙级残废荣誉军人。其中还有个小插曲：在转移时，负责转移他的农民用担架抬他到一个山腰上，随后被赶来的敌人包围，他坚决要求农民放下担架避开敌人，并手握手榴弹准备作最后牺牲，终未被敌人发现而幸免于难。

抗战胜利后，他先后担任张家口新华社编委、《晋察冀日报》编委兼副主编。在我党与国民党"和谈"期间，他在北平《解放三日刊》兼新华社北平分社采访部主任，解放战争期间在《石家庄日报》

社任副总编辑。1949年新中国成立，他到北京任《文艺报》主编，后任《人民文学》编辑部主任、中国作家协会青年工作委员会副主任兼《文艺学习》月刊编委、文学讲习所（现在鲁迅文学院的前身）副所长兼中央美术学院文学教授。1960年回到故乡广州，他深感当时文学评论受庸俗社会学的影响，危害甚深，遂在《羊城晚报》主持对长篇小说《金沙洲》的评论。这次讨论历时十个月，结论性文章《典型形象——熟悉的陌生人》发表后得到全国的重视，被《文艺报》转载，收到很好的社会效果。1962年8月调中共中南局宣传部任文艺处长。

在"文革"十年动乱的岁月中，萧殷同志身心俱遭到严重的迫害和摧残。打倒"四人帮"后，全国各地作家、文学爱好者纷纷写出一些揭批"四人帮"的作品，受到读者的热烈欢迎，但随之出现不少对这些作品表示怀疑或否定的文章。当时萧殷在《作品》杂志社任主编，他敏锐地感觉到这是一场事关文艺前途的文艺思想论争，应有计划地给予还击。于是1978年底在广东顺德和广州召开由30位有影响的文艺界人士参加的座谈会，研究了当前文艺形势、文艺战线的主要倾向和极"左"思潮干扰的祸害。萧殷针对这些问题作了重要的讲话，旗帜鲜明地对极"左"思潮在文艺界的种种谬论进行了严厉而富有说服力的批判。同时又在《作品》发表了多篇大胆揭露"文革"罪恶的"伤痕文学"作品，并组织发表了一系列文艺论争文章，有力地捍卫了现实主义创作原则，澄清了被"四人帮"搅乱了的文艺思想。当时的《作品》成了全国文艺界思想解放运动的排头兵，在全国产生了巨大影响。各地纷纷出现了抢购、争阅《作品》的盛况，因限于纸张，每期出69万份还远远不能满足读者要求。

萧殷同志参加过延安文艺座谈会，亲聆毛主席在会上的讲话。他是坚定的马克思主义的文学评论家，具有较高的马克思主义思想理论素养和社会责任感。他十分强调文艺工作者认真学习马克思主义的重要性,强调一定要用马克思主义去指导文学评论和创作,他认为文艺工作者对党的文艺方针政策,对马列主义的文艺理论,对毛泽东文艺思想,对革命现实主义的创作原则和艺术规律,都应有深入的研究和精辟的见解。他在新中国成立后出版的著作主要有:小说散文集《月夜》,文艺理论和评论集《论文艺的现实性》《怎样写新闻》《翻身诗话》《给文艺爱好者》《谈写作》《鳞爪集》《习艺录》《论生活、艺术和真实》《给文学青年》《萧殷文学评论集》《萧殷自选集》《创作随谈录》。他计划撰写约有20余万字的长篇小说《多雨的夏天》初稿和约有10多万字的《文学创作笔记》都在"文革"中被抄没毁掉。1983年他在广州病逝,随后王有钦(贺朗)同志为他撰写了人物传记《萧殷传》约20万字,另外他夫人陶萍同志也从他诸多创作中选编了一本《萧殷文学书简》,这些文集、传记为后人了解萧殷同志的生平提供了翔实的材料。

"作为饮过延河水的战士萧殷,忠诚于党的事业;作为作家、评论家的萧殷,服膺真理,固守良知,将毕生精力耗费在文学青年身上。"萧殷对青年文学爱好者的提携与关爱是众人皆知的,萧殷还曾回忆战争年代《晋察冀日报》报社转移中,副刊不慎将他仔细改好了的一份备用稿子弄丢了,念作者是一个初学写作的年轻战士,他耿耿于怀,认为"很可能丢了一个有才华的作者!"强烈的责任感可见一斑。白桦的第一篇小说、邵燕祥的第一首诗,都是经他之手发表的,他为新中国培养了一批优秀青年作家。

王蒙称萧殷为"我的第一恩师",王蒙在香港《开卷》杂志1979年第四期刊登的作家访问记《王蒙谈反对官僚主义》一文中公开表示过对萧殷的感激之情,他在回答记者的提问时说道:"五十年代作家协会有个萧殷,他对我的帮助很大,那时我的草稿写得很乱,如果放在一个比较平庸一点的编辑手里,不一定被看中……任何人都离不开老一代的培养啊！"确实，王蒙的第一部小说与萧殷有着重要的关系。1954年冬，王蒙拿出了他的第一部小说《青春万岁》的初稿并送到中国作家协会文学讲习所，请潘之汀老师指教。不久，潘老师来信夸奖了他，并称赞他有才华，还把此稿转给了中国青年出版社……从此，《青春万岁》开始了漫长的等待。那时，王蒙的心情是复杂而不安的。1955年春天，出版社文学编辑室负责人萧也牧约王蒙同去萧殷老师家。那是文学的殿堂向他打开的第一道门，伸出的温暖的手。萧殷在看到王蒙的稿子后高度评价了稿子的基础和王蒙的艺术感觉，后指出书稿主要问题在于结构中没有主线，并说由作协出具公函，给他请半年的创作假，进行稿件修改。自此之后，萧殷一直关注着王蒙的创作。1956年底，王蒙的《组织部新来的年轻人》受围剿，萧殷独具胆识，在《北京文艺》上发表文章，公开为王蒙辩护。因1957年萧也牧和王蒙都被错划为"右派"，致使《青春万岁》出版搁浅。萧也牧在"十年浩劫"中不幸去世，王蒙复出后，找不到《青春万岁》清样的下落。不料有一份清样一直保存在萧殷身边，才使《青春万岁》得以于1979年正式出版。被萧殷提携与帮扶过的青年文艺爱好者还有很多，在病痛折磨着他的最后时光里，他仍坚持为青年作者复信，可谓是终其一生在为文艺青年服务。众多文学青年收获的是沉甸甸的果实，而萧老换来的是年近古稀、两鬓斑白。

萧殷在几十年的文艺生涯中，在工作和著述中坚决贯彻党的文艺方针政策，坚持马克思主义的文艺基本原理，提倡革命的现实主义，批判极"左"的思想流毒，团结老、中、青作家，特别注意青年作家的健康成长，积极而有效地培养出一批新生力量。他常说，"青年是我们事业的希望，我能为他们做点事情，也算尽了我自己的一份责任。"他对青年无微不至的关心和无私帮助，表现了老一代作家甘当"人梯"的崇高精神。萧殷同志作风正派，疾恶如仇，敢于与不正之风做斗争，他生活朴素，关心群众，待人以诚，受到群众的爱戴。1983年8月31日，被病痛折磨，古稀之年未到的萧殷病逝广州。他生前在理论工作、培养青年工作及文学创作中取得的显著成绩，为他在中国现当代文学中赢得了重要地位，萧殷是属于广东的，也是属于中国的。萧殷只有一个！

龙川县委和县政府为纪念这位为中国的文艺事业，为家乡的文化事业耗尽最后一滴血的客籍骄子，在县城老隆文化公园为萧殷同志雕塑了一尊汉白玉半身坐像，请老作家吴有恒同志撰写碑文，由书法家赖少其同志书写，于1987年5月举行雕像落成典礼仪式。国内很多文艺报刊发表了消息，在我国文艺界产生一定影响，如今老隆文化公园更名为萧殷公园，萧殷故居和萧殷公园成了龙川著名的旅游景点，往来的游客来到古邑龙川都不忘前往汉白玉雕像前瞻仰这位为中国的文艺事业鞠躬尽瘁的老一辈革命者。

 ## 李永川（1903—1984）

  李永川，龙川县佗城小东廓人，晚号锲斋主人，父国彬，清代末季在惠州末邑执掌城守，民国后去官，鬻旧官邸以为家，命名李园，从此定居佗城。永川五岁启蒙于郑家祠私塾徐子良、郑雄楚先生。自小聪颖过人，书法亦佳，广读四书五经且过目不忘，被当时的人称为"神童"。1914年永川考入县立高等小学，民国成立后废除科举，新学学校课程与私塾大不相同，从此知识面大大增加，求知欲更加强烈。三年毕业后升读龙川县立中学，成绩优异，尤其是语文、史地尤为突出，后赴梅县考入嘉应大学。民国十七年回县任县立二中教员一年，后考进上海大厦大学（华东师范大学前身）攻读文科专业，学成回县二中执教。民国二十年起，先后任龙川一中教员、校务主任、校长之职，并兼县民教馆馆长、县教育会常务干事、县文化服务社理事长。他曾以身许教终生，但为学界推举兼任县参议员、县干部训练所所长、县共建会委员，踏入政治半门，郁郁不得志。民国三十一年春，龙川县发生"陶女事件"，当局以"奸党"之罪名，无理逮捕龙川一中、老隆师范、金中师生多人入狱。李永川担着风险质问当局："学生到底犯了什么罪？你们有什么证据抓学生？"问得当局无言以对。民国三十三年，县城军警多次追殴一中师生，并进校胁迫校方。李永川挺身而出，亲自起草请愿书，支持学生代表赴韶关（临时省

府）作抗暴请愿。民国三十六年，国民政府滥发货币，物价暴涨，教工生活陷于绝境。李永川在一次参议会上大声疾呼龙川教育的空前危机，要求县政府增拨教育经费，增发俸米解决教师燃眉之急。

李永川在旧社会任教20年，饱经风霜，新中国成立后开始了新的生活。他热爱社会主义新中国，拥护中国共产党。1948年初，学生魏南金统兵九连曾致书永川称其望重乡梓，支持革命作用甚大。1949年夏，永川任县支前委员会副主任；1950年5月出席县各界人民代表大会，当选常务委员；同年5月，任县教育工会副主席兼秘书。1952年土改复查时，永川受到不公正处理，被饬令回家劳动；1956年复回龙川一中任教。1962年，回龙川县文化馆工作，"文化大革命"期间又被遣送回家务农，受了莫大的委屈，靠劳动度日。尽管生活艰苦，但永川先生胸怀豁达，劳作之余，或考古，参与抢救历史文物，或触景生情，咏诗抒怀。1980年落实政策，恢复工作后，其当选为县政协常务委员，并被安排协助整理龙川旧志工作。永川先生是龙川教育界的前辈，为龙川的文化教育事业鞠躬尽瘁一生，先生为人正直、心地善良、学识渊博、教育有方，深得龙川民众敬仰。他在工作中，敬业乐群，起居有节，至老不衰。永川先生于1984年腊月病故，享年81岁。其著有《李园诗集》《龙川名胜古迹考》《龙川建县沿革与演变》《苏辙在循州》等，但多毁于浩劫，后有《李永川诗集》留世。

曾宪文（1908—1984）

曾宪文，龙川县鹤市罗乐人，中共党员。宪文自幼勤奋好学，在鹤市乐育小学和梅县乐育中学毕业后，民国十六年（1927年）考入当时的中山大学医学院，毕业后留校任助教及内科医师。民国二十四年由德籍内科专家伯尔诺教授选送德国汉堡大学医科深造，获医学博士学位。民国二十六年任广东省军医学校、中央军医学校广州分校内科副教授、主任教授。1941年1月任中山大学医学院内科主任教授、门诊部主任、附属医院代理院长等职。

抗日战争后期他在韶关及老隆镇挂牌行医，抗战胜利后返回广州任广东省第一医院院长兼内科主任。1949年任中山医学院内科教授、广州方便医院（后改市一人民医院）医务长兼内科主任医师。

1951年10月宪文投身国防卫生事业，前往华南军区卫生学校任教务主任。1952年冬任华南军区卫生部顾问、广州军区总医院内科主任、副院长。1979年7月任广州军区总医院顾问，1983年被任命为广州军区总医院正师职顾问。

曾宪文在医学内科专业上刻苦钻研，利用精通德文的特长大量阅读国外优秀著作。他医术高超，著述颇丰，曾先后翻译德文《腹腔镜入门和图解》《医学月刊》《医学周刊》等资料，并刊登在国内医学参考文献中。1977年在广州军区总医院负责创办《医学情报室》，编辑了23期，分发总医院及其他医院，具有较高的医学参考价值。他的主要论文有《姜虫病在广州》《业急性黄色肝萎缩》《广州所见的传染性肝炎》《细菌性食物中毒202例临床分析》《胃镜检查100例临床分析》《关于慢性肝炎问题》等。1980年后担任广州军区总医院内科主任和军医进修班主任时已年逾古稀，但仍为培养内科骨干力量尽心尽力工作，曾先后两次荣获三等功嘉奖。

曾宪文先后担任过中华医学会广州分会理事、医学内科学会副主任委员、广东省传染性肝炎领导小组副组长、《广东医学》现代版副主任编辑、广州军区总医院技术委员会副主任委员、广州军区医学科学委员会委员等职，当选为政协广州市第二至五届委员。"文革"期间受到冲击，但他始终相信党、相信群众，信念坚定。十一届三中全会后，他尽管年迈体弱，但仍坚持工作，直至生命最后一息。1984年2月他病逝于广州，享年76岁。

他在医学内科专业上的刻苦钻研、高超医术、等身著作、高尚医德、谦逊人品得到业内外一致好评，是龙川文化卫生界的骄傲之一。

黄麟书（1893—1997）

黄麟书，男，又名林祥，亦曰凌祥，字麟书，1893年10月31日出生于广东省龙川黄布镇金鱼乡马岗村。六岁开蒙，曾就读于金鱼约文明学堂、通衢司明新学堂；1913年冬在广州公立教忠师范毕业；1917年毕业于日本东京中央大学经济学系。归国后，从事教育事业。历任龙川县立中学、海丰县立中学、广东省立一中（今广雅中学）教员、学监、教育长及广州黄埔军校、燕塘军校政治教官等职。期间，国民革命军第二次东征辗转老隆后，授命地方人士组织新政府，被推选为龙川县县长。1933年至1945年间，曾两度出任广东省教育厅厅长，历时九载。当时正值国家和民族处于危难的抗日救亡时期。1935年7、8月间曾访问菲律宾、新加坡、马来西亚、泰国、越南等国，考察完南洋华侨教育情况后发表《考察南洋华侨教育意见书》。他以惊人毅力克服重重困难，多方筹措资金积极兴办教育、兴学育人。先后创办了广东省立体育专科、海事专科、肇庆工专、喜泉农职、英德北江农专、兴宁工职、大埔高陂瓷职等各类专科、职业学校；并改办了汕头商船、汕尾水产等职业、专科学校；还将私立仲恺农职、执信中学、仲元中学改为广东省立学校。为加强与培养全省教育师资，其先后创办了省立江村师范、长沙师范（在原开平县）、老隆师范（龙川县）、梅州女子师范，改高州女子师范、雷州师范、钦州师范为省立师范学校，并重建广州女子师范学校，为普及全省中小学教育打下了基础。

黄老对家乡的文化事业非常关注，抗战时，他由曲江循公路乘车返龙川，快到县城时，见到两块石头，认定是鱼的化石。色白，形极似鲤鱼，鱼大约等于一百二十斤重的猪；两鱼相向约一丈远，鱼下身尚有少许仍藏泥土内。他认为此事非同小可，到县城后，与邓鸿芹县长谈及，请其必须运回并保存此两化石，但当时有关方面没有足够重视，数日后他再经原路返曲江时，两化石皆失踪，大概被筑路工人打碎填路，因对方在拓路基。黄麟书认为这鲤鱼化石可谓龙川之宝，当时邓县长不重视此事，而致失此宝，甚为可惜。这件事在黄麟书的记忆里异常深刻，在台湾版《广东龙川县志续篇》收录的《故乡往谈》中有提及，可见黄老对稀世瑰宝的珍视与惋惜。

1946年，他又积极参与创办私立广州珠海中学兼任董事长。1947年与林翼中等人创办了珠海大学，成为继广东私立国民大学、广州大学、中华文化学院后的广东第四所私立大学。他于1935年至1949年间，曾任国民党中央候补监察委员、监察委员及国民党中央训练委员会委员、教育委员会委员、考试委员会委员等职。

新中国成立后，他旅居香港作寓公，创办了"香港中山图书馆"并出任董事长。该馆图书甚丰，尤其中文图书更为殷富。与此同时，其长期担任香港客家社团组织——香港崇正总会会长。为发展"客家学"研究，联络、团结客家社团和客家乡亲尽心尽责；积极鼓励客家乡亲回乡投资兴办企业，为祖国改革开放事业做出贡献。

黄麟书既是一位教育界耆宿，又是一位造诣很深的历史学家，他长期潜心研究中国历史，著述甚丰，先后著有《秦皇长城考》《边塞研究》《唐代诗人塞防思想》《宋代边塞诗钞》等作品，还有《家学录》《家学录续集》及边塞历史论文等，为弘扬中国文化做出了贡献。他在期颐之年仍笔耕不辍,先后为《龙川文史》杂志撰写了《龙川文化》《龙川鲤鱼化石之研究》《客家迁徙之研究》等地方史料研究论文。1997年12月,黄老病逝于香港,享年105岁。

彭天柱（1916—1997）

彭天柱出生于民国初年，广东省龙川县人，是一位体育界的知名人士。

党的十一届三中全会以来，彭先生积极投资国内建设，为振兴中华及发展体育事业出钱出力。他热爱祖国，热爱体育事业，对各项运动都爱好，对垒球更为热心。

1981年，彭先生担任香港垒球总会副会长。香港垒球总会为活跃香港文体生活，提高香港垒球水平，决定和市政局共同举办一次亚洲女子垒球邀请赛，并由彭先生担任邀请赛筹备委员会主席。在他精心策划下，香港第一届女子垒球邀请赛，邀请亚洲地区的中国、日本、马来西亚、菲律宾、印度尼西亚、中国香港等队参加，中国队由于国际比赛经验少，只夺得第二名。但彭先生凭他多年的经验，发现中国女子垒球队是一支很有潜力和发展前途的运动队，他由衷地对中国女子垒球队领队、国家体委球类司负责人夏朗同志说："中国女子垒球队这次虽只得第二名，是因经验不足，但这班运动员灵活、吃苦耐劳，特别是投手，应是世界一流的，两年后我将组织一次一流世界球队参加的国际女子垒球邀请赛，请中国女子垒球队再来参加，一定会击败世界强手，为中华民族争光。"

1983年彭先生又亲任香港第二届国际女子垒球邀请赛筹备委员会

主席，参赛队有上届冠军新西兰队及加拿大队、日本队、菲律宾队、中国香港队、中国队。在香港比赛时，中国队不负众望，一举击败所有强队，以全胜成绩取得了这次邀请赛的冠军。赛后在宴请中国队的酒会上，他又鼓励中国队的姑娘们："继续苦练，争取在世界赛上取得好成绩。"中国女子垒球队为感谢彭先生的热心鼓励，将有全体成员签名的一个比赛用球敬赠彭先生，并牢记"海外赤子"的期望，下决心苦练，事隔两年（1985年）果然取得了世界垒球锦标赛的亚军。消息传到香港，彭天柱先生即致电国家体委李梦华主任及国家女子垒球队，表示热烈祝贺！并衷心地盼望女子垒球队在下一届世界锦标赛夺取冠军。他当时兴奋地对公司的职员们说："中国女子垒球运动，不久就会像中国乒乓球、羽毛球和女子排球一样勇冠全球。"彭先生对中国女子垒球队取得优异的成绩寄予殷切的期望。

　　彭先生热心体育运动是有渊源的。他原来是一位老体工，是体坛名宿，有几十年的体育运动和教学生涯。早年他就读广州市体专，毕业于上海东亚体育专科大学。20世纪30年代末和40年代初，他任教于广州培桂中学、广州市一中、番禺师范学校，使这些学校的球类、田径名噪广州体坛。在民国时期他担任中央军校桂林分校体育教官及抗战期间担任第七战区篮球队教练时，经他训练的篮球队所向披靡，威震华南。20世纪50年代他在香港担任东方体育会及香港篮球联会干事兼任永康中学体育主任，他训练的永康女子篮球队，以中国香港队名义五次夺得东南亚女子篮球赛冠军，扬名东南亚。60年代后他转战商界，仍担任香港垒球总会、香港龙舟会会长，念念不忘体育运动。1985年又接到聘请担任广州市棒、垒球协会名誉会长，广东省高校体协名誉会长，及广州中山医科大学体协名誉主席，为发展广东和祖国体育事业出谋献策。

　　广东青年田径代表队赴港参加亚洲地区比赛时，彭老亲临现场指导和鼓励。广东男、女垒球队访港时，彭老到场指导并热情接待。1993年广州市棒、垒球比赛时，他到场鼓励运动员打出风格，打出水平。全国第三、第四届大学生女子垒球赛，他大力赞助并担任赛会名誉主任。彭老亲自担任全国女子垒球精英赛筹委会名誉主任，其子彭书荣任副主任。90年代彭老多次向省市体委领导畅谈了自己对发展和提高广东省、广州市各项体育运动水平的意见，并赞助省、市垒球队一批器材，赞助省大学生体育代表团参加全国比赛。当他听到中山医科大学女子垒球队在全市赛中获得冠军时，高兴地会见全体队员，并向她们讲授垒球比赛的技术和战术问题。

  彭先生还擅长书法、美术，他曾在香港举办画展，获得好评。他心怀振兴中华体育的志向，并在实践中为发展广东和祖国体育事业做出了宝贵的贡献。

（载《龙川文史》第十四辑）

廖士毅（1918—1998）

廖士毅，男，1918年出生于龙川新岭乡新径村，后迁居龙川附城镇红桥村。自幼聪颖好学、勤奋上进，1935年毕业于龙川一中初中部，旋即赴广州考上广州市立第一中学，1938年高中毕业后又以优异的成绩考进中山大学农学院农业经济系。抗日战争中广州沦陷，1938年10月，他随中大迁云南澄江就读。1940年7月才迁回乐昌坪石镇。他学业出类拔萃，深得院长张巨伯、系主任王益滔等教授器重，故1943年毕业时留任助教。同年10月，他赴贵州浙江大学农业经济研究所进修。1945年8月获农业经济硕士学位。抗战胜利后随王星拱校长回广州石牌中大任助教兼校长室助理秘书。1946年底辞职赴南京农林部工作。1948年底又回广州在母校任讲师兼授课珠海大学。1949年8月赴台湾任中央博物图书院馆联合管理处编纂兼主任秘书。1955年8月应中兴大学聘为农经系副教授，1958年升教授兼系主任，1963年兼兴大总务长。1973年他在中兴大学首创农产运销学系并兼首任系主任，在现代农业市场经济化中贡献巨大，在世界高等教育史上也写下崭新的一页。1983年于中兴大学退休。在兴大任教期间曾两度兼代农学院长，应聘为经济部农业发展咨询委员会常委委员等职务八年之久。在兴大退休后应聘为逢甲大学国际贸易学系教授兼主任，至1990年退休。退休后在兴大及逢甲大学仍有兼课。廖教授旅台40余年，除教学外，还开展有关农业经济、农业金融、农产运销的专题研究计划50余个，并发表论文70余篇，除此以外尚著有《农产运销学》，翻译《农业金融学》等专著，均被台湾各大学采作教本。他曾率领台湾大学、中兴大学、逢甲大学等20名专家学者回广州与华南农业大学教授举行海峡两岸首次的"粤台农业与农业经济学术交流会"，会上他作了《台湾主要粮食消费》学术报告，观点新颖，很有见地，深得与会者好评。华南农大经贸学院敦聘他为该学院校友会名誉会长。

随后，他还曾受浙江农业大学之邀，率领台湾农经界10余位名教授前往该校，与该校教授举行"两岸农业产销经济学术交流会"，廖教授宣读了《农产运销的茁壮成长》一文，甚具价值，获得与会者一致赞佩，会后该校敦聘他为经贸学院客座教授。总之，廖教授是台湾学术界德高望重、桃李遍天下的农经学专家。因家学渊源，其家属子女均跻身于美国高科技领域，被华人誉为"一门三博士，兰桂尽芳菲"。

廖士毅旅居他乡心系桑梓。自20世纪80年代起，数次返乡为家乡公益事业鼎力相助，奔波操劳，共襄义举。曾斥资分别为乡民造桥一座、改善引水工程和中小学教学设施；捐资兴建附城二中一座教学楼（廖祖楼）、兴建新径村（武威）小学。还设立了"廖士毅教授奖学金"基金会，每年给龙川一中（高中、初中各年级分设2名）和附城二中（6个班每班设3名）优秀学子以资奖励。游子热爱家乡、捐资兴学、乐善好施的情怀，在邑人中有口皆碑。1998年，廖士毅在台湾辞世，享年80岁。

魏南金（1914—2001）

　　魏南金，男，化名黄乾，龙川龙母镇永和西和岭村人。1914年11月出生于普通的农村家庭。父亲魏作梅，大革命时期（又称国民革命）曾组织永和农会，大革命失败后被反动政权通缉，离家躲避，后在永和圩开"顺兴客栈"，为过往客商提供食宿。他牵头在永和圩创办育英小学，并自任校长，解决了贫苦农民子弟上学难的问题。他拥护共产党和红军，思想进步。母亲邹氏，辛劳耕作，为人诚实。南金是独生子，聪明过人，小学毕业参加全县考试成绩第一名，后因家贫，无法再上学，就在客栈帮父亲磨豆腐。他字写得好，受到来往客商的称赞。众人劝他父亲一定要给这孩子念书，将来会有出息的。宗族乡亲们商议，认为南金乃可造之才，少年失学甚为可惜，于是决定以"祖尝"形式赞助南金上初中读书。魏南金于1931年秋考入龙川县立第一中学就读，他学习刻苦，成绩优秀，享受学校免费优待。在学期间，他和同学骆仰文等，除了认真完成正常功课作业之外，还努力阅读进步书刊，接受革命思想，参加学生进步团体，参加爱国学生运动。时值日本帝国主义侵略我国东北，东北几千万同胞在日本铁蹄下，处于水深火热之中，爱国同胞们都高唱"我的家在东北松花江上"等抗日救亡歌曲。国家民族生死存亡的局势对南金同志产生了重大影响，他从此萌发了反帝爱国思想和反封建的进步思想，积极寻找救国救民的真理。

1934年始,在广东省立一中(今广雅中学)读书,在校期间参加广州"一二·九"抗日救亡运动,与进步同学一起组织抗日团体"锐进社"。1936年8月参加中共领导的地下学联组织,走上革命道路。1938年冬在龙川加入中国共产党,任永和支部支书。尔后,历任中共龙川县委常委兼宣传部长、龙川中心县委常委兼青年部长、广东省委书记张文彬的秘书、南雄中心县委书记和特派员、北江特委副特派员兼组织部长等职。

1944年初,为开展粤北敌后抗日武装斗争,恢复党组织活动,魏南金遂赴桂林寻找党的关系。时因广西党组织受破坏,与党联系中断,遂参加由田汉领导的抗日"文抗队"及暂在广西某中学任教师作掩护。1945年8月奉中共广东党组织指示回粤,参加北江特委书记黄松坚主持的会议,会议决定建立粤桂边游击根据地,并决议魏南金为粤桂边特委常委兼管广西桂东地区党务。1946年8月,魏南金回广东工作,任中共连阳中心县委书记(原连县、连山、阳山三县)。同年12月参加方方、林平在香港召开的广东区党委扩大会,决定恢复广东武装斗争。1947年3月受党组织派遣到九连地区开展游击武装斗争。先后任中共九连工委常委、九连地委书记、粤赣边支队政委、粤赣湘边纵队政治部代主任。1949年5月龙川解放,魏南金兼任龙川县委书记、县长。新中国成立后,先后任珠江地委常委兼组织部长、华南财委副秘书长、粤东区党委常委兼粤东行署第一副主任、汕头专署专员、广东省委财贸部副部长等职。1958年后,任海南行政区党委副书记、海南行政公署第一副主任、主任等职。"文化大革命"中魏南金受到冲击,但仍协助军管会组织生产工作。1971年后,任海南行政区党委常委、副书记、革委会主任、行政公署主任等职。曾当选为第五届全国人大代表。1979年南海西沙保卫战时任领导小组成员,负责后勤保障工作。1982年调任广东省对外经济工作委员会主任,曾率省经济技术考察团访问日本。1984年任广东省委顾问委员会常委,1988年离休,享受副省级、老红军待遇。2001年6月于广州病逝,享年87岁。著有《宝岛足迹》等传世。

　　魏南金同志在65年的革命生涯中,对共产主义具有坚定的信心,并一生为之奋斗不息。他忠于党、忠于人民,是中国共产党的优秀党员,久经考验的、忠诚的共产主义战士。纵观他的历史,我们认为,魏南金同志的一生,是革命的一生,光辉战斗的一生,是全心全意为人民服务的一生。我们缅怀他,纪念他,就是为了学习他的革命精神和高尚的品德,把老一辈共产党员的优良传统和作风发扬光大。魏南金同志永垂不朽!

张道隆（1901—2002）

张道隆，男，又名云魁，龙川紫市镇仁里村人。祖父为前清秀才，因率学生赴惠州府考试，病死惠州寓中，后运灵柩回乡安葬耗费巨资而家道中落，父亲也因此年幼失学。母亲叶亚月为通衢人，张道隆兄弟四人在外祖父家通衢长大。自小母亲包揽了所有家务，她性情温和、待人接物态度和蔼可亲且异常勤劳，客家母亲的无私伟大给兄弟四人营造了一个尽管拮据却平和温暖的童年。父亲曾上过一年私塾，读过不少古籍，颇有学问因而也极其重视兄弟几人的教育，不管如何困难都坚持让他们上学，常用"苦心人天不负，有志者事竟成""由俭入奢易，由奢入俭难""吃得苦中苦，方为人上人"等教育鼓励他们。张道隆启蒙时期在舅舅的蒙馆上学，辛亥革命前一年被父亲送到鹤市石狗岭教会办的乐育小学读书。他的叔父张化如为同盟会会员，接受过孙中山先生的革命思想，参加过革命运动，张道隆父亲受其影响也成了一名革命党人，这对张道隆等后辈产生了巨大的影响，也促使他们走上了革命的道路。

1920年冬，张道隆中学毕业后被安排到通衢福音堂任乐育小学校长职务，后得叔父鼓励资助投考广东高等师范英语系，1923年邹鲁任高师校长，高师与其他几所学校合并后更名"国立广东大学"，后改为"中山大学"，学校云集了郭沫若、成仿吾、郁达夫、鲁迅等一批大师，张道隆深受影响与鼓励，毕业后他毅然走上了教书育人的岗位，开始了他二十多年的教育生涯。大半辈子从事教书育人工作的他兢兢业业，是龙川教育界耆宿。他1926年任梅县乐育中学教务主任、代理校长。1929年任龙川县立中学（龙川一中）校长，1930年创办龙川县立乡村师范学校并兼任校长，为发展龙川乡村教育不遗余力，尽心尽职。1933年任海丰县立中学校长。1937年重返梅县乐育中学任校长。1941年任广东省立惠州中学校长。抗日战争胜利，惠州中学搬回惠州原址后，他创办了河源蓝口中学并兼任校长，收容了附近各县贫困学生，使他们得以继续学业。1946年，调任广东省立老隆师范学校校长。

1949年春，国民党广东省保安第十三团团长曾天节等筹备脱离国民党统治集团的义举。为扩大影响邀省保五团团长列应佳、副师长彭健龙一同举事起义。张道隆与曾天节、列应佳、彭健龙都相熟悉。5月上旬，张道隆应曾天节之约而策反列、彭未果，14日曾天节率部在老隆起义。张道隆为老隆起义做出应有的贡献。广州解放后，张道隆前往广州选择自由职业，在东江运输轮船上工作，适逢解放军进攻海南，支前司令部交通科科长温盛湘希望获得东江华南轮船的支援运输军用物资，张道隆任副董事长全力率领运输公司准备，为解放海南起到了积极作用。1950年，张道隆加入中国国民党革命委员会（简称"民革"），并在北京人民革命大学政治研究院学习。毕业后，返回广东省民革工作，先后任秘书、组长、社联会委员等职。"文革"十年遭受迫害被逮捕入狱判刑十年，后改回家生产管制，即便如此张道隆仍然坚信共产党是英明、正确、伟大的党，自己的问题迟早都会得以解决。后来得以平反，政策落实后他不遗余力地帮助那些有冤假错案的革命友人———一为其证明。离休后仍身体力行为家乡及国家的文化教育事业做贡献，著有《九十忆旧》传世，2002年在广州辞世，享年101岁。

叶惠南（1911—2003）

叶惠南，男，龙川附城镇涧洞村人。广东省梅县南华学院肄业，1938年加入中国共产党，曾任中共龙川一区中心支部委员、支书，受中共组织派遣到香港从事党的地下革命活动。解放战争时期返回九连游击根据地，曾任九连河东区游击干训班主任，在粤赣边支队负责组织工作，并任东江第二支队司令部秘书，中共龙川县委宣传部长、龙川县人民政府秘书等职。新中国成立后，曾任龙川县人民政府县长，中共华南分局组织部整党组组长，广州市侨务局办公室主任、中共越秀区委常委、部长，广州市第42中学校长，广东省党史研究委员会、广东省委党史研究室研究员等职。参与编写《中共广东党史大事记》，编辑《广东区党团研究史料》（1921—1926），发表的论文和党史专题文章主要有《广东工人阶级的产生、发展及其早期工人运动》《广东共产党是1920年成立的》《回忆中共龙川县委党员学习班》《回忆九连河东游击区干部训练班》《回忆在涧洞革命活动》《大军强渡长江与龙川解放》《龙川解放后支前工作》《为配合大军解放广州，在龙川建立前进基地》等。2003年在广州病逝，享年93岁。

罗致平（1911—2005）

罗致平，原籍广东省龙川县，1911年4月12日出生于英属北婆罗洲（今马来西亚），12岁回国求学。早年曾就读于广州河南白鹤洞协和神科大学、岭南大学神学院。

1935年东渡日本，求学于东京立教大学大学院，攻读研究生课程。1937年抗战爆发后，主动放弃国外优越的学习条件，毅然回国，先后在香港沙田宗教院、中山大学等单位从事民族学、人类学、民俗学的教学和研究，任讲师、教授。1953年调湖北中南民族学院任教授。次年调北京，先后在中央民委、中央民族学院、中国科学院哲学社会科学部民族研究所（今中国社会科学院民族学与人类学研究所）工作，从事民族问题的研究和翻译，历任参事、教授、研究员。

罗致平先生是著名的民族学家、人类学家、民俗学家，中国社会科学院民族学与人类学研究所研究员，中国社会科学院研究生院教授、研究生导师，国务院特殊津贴专家。罗致平先生因病于2005年6月12日在广州逝世，享年94岁。

附罗致平先生毕生成就：

罗致平先生在新中国成立后主要从事民族问题的研究和资料翻译工作。罗致平先生利用其渊博的专业知识和掌握多种外国语言文字的语言优势，编译介绍了马克思主义经典作家有关民族、殖民地问题理论，以及苏联民族问题、民族政策和民族学方面的大量论著，对新中国民族问题和民族学的研究起到了积极的推动和促进作用。20世纪60年代初，根据中央的要求，全国性的民族社会历史大调查工作展开，罗致平先生参加了新疆少数民族社会历史调查组，进行了历时三年的调查研究工作，合作撰写了《哈萨克族简史简志》。以后又参加了大型工具书《辞海》的编写工作和《中国历史地图集》的编绘工作。70年代末，罗致平先生积极参与国家重大科研项目的学术工作，陆续出版了《准噶尔史略》（合著）、《试论卫拉特法典》（合著）、《哈萨克法初探》（合著）等论著，翻译出版了著名东方学家巴托尔德的《中亚突厥史十二讲》及其他相关研究资料，及时介绍了国外有关民族学、民族史研究的最新成果，为中国民族学特别是民族史学的恢复和发展做出了重要贡献。及至90年代，罗致平先生虽已届八十高龄，但在学术事业上仍积极开拓，开辟法律民俗学的研究领域，撰写了《法律民俗学》、《法律民俗学与民族志》等论文，引起国内民族学、民俗学、法学界的关注，带动了相关学术领域的发展。

罗致平先生始终关心我国学术事业的发展，积极参与学术活动。抗战期间即参加了由杨成志、钟敬文等发起组织的中山大学民俗学会，抗战胜利后又积极参与中国民族学会西南分会的学术活动，当选为监事。新中国成立后，罗致平先生即与杨成志、钟敬文等一些民族学、民俗学家一道积极开展民俗学的活动，呼吁成立新中国的民俗学学会。改革开放后不久，又与钟敬文等七位著名学者联名倡议建立民俗学学科及有关研究机构，受到党和国家的重视、学术同人的积极响应。1983年中国民俗学会成立，罗致平先生当选为副理事长。为表彰罗致平先生为中国民俗学做出的杰出贡献，2003年中国民俗学会特授予他银质荣誉奖章。

黄良坤 （1932—2008）

黄良坤，男，龙川县上坪镇梅坑村人。早年参加革命，正厅级离休干部。

1949年5月龙川解放后，黄良坤任粤赣湘边纵队东江第二支队上坪区支前工作仓库征管员、出纳员，尔后，在上坪小学任教师。1950年10月，龙川为广东省土地改革运动试点县（三个）之一，黄良坤参加土改工作队，任龙川县阁前乡土改队员。土改结束后，调上坪龙田小学任教师。1952年起，从事党政机关工作。曾任上坪区公所文书、团区工委副书记；1954年始，调任中共龙川县委组织部干事、县人民政府人事科副科长、县委委员、县委组织部副部长；1957年后，任中共岩镇区委、上坪公社党委书记，龙川县委办公室主任、惠阳地区"四清"工作总团博罗工作团办公室主任。1969年1月始，调惠阳地委工作。历任地委新闻报道组组长，《惠阳报》社副社长、副总编、社长，地委宣传部副部长、地委党校校长、地委办公室主任。1983年后，任惠阳地委常委、秘书长，惠州市委常委、秘书长。1993年4月当选为惠州市政协主席、党组书记。2008年10月辞世，享年77岁。

黄良坤一生竭力于地方党史工作，为《惠阳报》（后改名《东江报》）的复刊做出了巨大的贡献，爱才若渴却又要求严格的他培养、发掘了一批有为青年。1971年，惠阳地委筹办地委机关报《惠阳报》，《南方日报》社派何文同志来任社长，黄良坤任副社长。1975年下半年，当时的广东省委做出决定，凡是当日能看到《南方日报》的地区一律不再办报，于是，《惠阳报》和《佛山报》《江门报》等一批地委机关报全部于当年12月31日停刊。10年后，1985年秋，广东省委决定当年机关报停刊的地区都可以复办报纸，当时任惠阳地委秘书长的黄良坤同志接到这一通知后，喜不自胜，当即找当时的地委书记邓华轩请示，建议立即复办惠阳地委机关报。但当时地委、行署个别领导对办报纸不是很热心，认为当时地区经济不是很景气，办公费用本来就不足，何来办报经费？黄良坤同志一方面积极做地委、行署领导的工作，争取大家的支持，另一方面因陋就简，把原来复办报纸计划开办费50万元降低到15万元，年经费100万元降低为30万元。经过黄良坤同志的努力，复办报纸的计划终于取得一致通过，原《惠阳报》更名为《东江报》，由黄良坤同志兼任《东江报》社社长，成立筹备小组，争取1986年上半年复刊。如果不是当年良坤同志据理力争，主动游说，并调整办报计划，《东江报》就有可能胎死腹中，所以地委书记邓华轩后来曾半开玩笑地对良坤同志说："你可是《东江报》的有功之臣啊，如果不是你力主复刊，可能就没有今天的报纸了。"

"文革"结束后，党的事业百废待兴。1980年，中央要求省、地、县各级党委成立党史工作机构，着手征集、研究、编撰党的各级地方史料。时任惠阳地委党校副校长的黄良坤同志受命着手组建惠阳地区党史工作机构。在他的努力下，1980年11月，中共惠阳地委成立了党史研究领导小组并设办公室，即市委党史研究室前身，由他兼任办公室主任。地区辖下的10多个县（市）也先后成立党史工作机构。至1981年底，全地区党史机构已配有干部53人。1982年2月，中央召开党史工作会议，加大党史工作力度。借此东风，黄良坤同志又认真抓了机构、人员、经费和办公用房的"四落实"，调整、充实了党史干部队伍，使全地区党史专职干部增加到73人。随后，地、县两级党史办公室确定为常设机构，分别定为地处级和县局级设置，奠定了惠州党史机构和队伍的基本格局。草创之初条件艰苦，任务繁重，黄良坤同志知难而上，勇挑重担。他首先发动群众，特别是亲身参与了革命与建设的同志，人人动手把党的历史记录下来。对参加过长征的老同志，更是亲自拜访，掌握了大批"活历史""活材料"。为了更广泛地寻求党史资料线索，其创办了《惠阳地区党史资料通讯》，征集、编发了大量珍贵史料，逐步摸清了东江党组织的历史脉络，为日后党的组织史和党史专著的编纂提供了一份科学而专业的素材及其大纲。他带领同志们全力以赴编印《东江党史资料汇编》第一、二辑等，得到省领导好评。

  熟悉良坤同志的人都知道，他爱才若渴，"不拘一格降人才"。《东江报》初办时，人才奇缺，他当时只好从各县新闻秘书和中学教师当中挑选。惠阳师专中文系向报社推荐他们系的学生——惠阳农业学校语文教师陈锦胜，因为陈锦胜在师专有办学报的经验，但农校领导以他们缺乏教师为由不同意放人。良坤同志知道后，多次给农委、农校领导打电话，动员他们以大局为重，支持报社工作；同时又亲自给教育局领导打电话，让教育局分配两名教师给农校，才得以把陈锦胜调到《东江报》。曾秀莲是惠阳人，毕业后分配到东莞港务局工作。港务局领导很重用她，让她担任局共青团书记和负责全局的宣传工作。曾秀莲得知惠阳办报，她很想到报社来工作，一来发挥所长，二来为家乡建设出力，于是，她给良坤同志写了一封自我推荐的信，并随信附了两篇文章。良坤同志看了以后，认为小曾字写得漂亮，语文基本功扎实，当即叫报社派人去东莞考察，不久，曾秀莲就到《东江报》担任了编辑。张荣忠大学毕业后先在中学当老师，后来在惠州市广播站当站长，他很想到《东江报》社来从事新闻工作，但当时的惠州市（现在的惠城区）领导也不同意放人。良坤同志看了张荣忠的简历和作品，感到他是个办报的人才，于是多次与市领导沟通，取得他们的支持，让张荣忠到报社工作。

对待文人，良坤同志更是惺惺相惜。原《红旗》杂志社社长柯蓝是个德高望重的老前辈，他晚年钟情于散文诗，想到广东来成立中国散文诗学会，筹办《散文诗报》。对柯老的心愿，良坤同志十分理解和支持。尽管他不管经济，但他还是亲自打电话请东莞烟花爆竹厂厂长给柯老的散文诗学会赞助了5万元，并发动罗浮山制药厂、和平制药厂等单位筹集了5万元。同时组织一批惠州的散文诗作者写稿，出版了一期《散文诗报》（惠州专号）。通过一系列活动，他还发现了孙雄、林婵娟、林建隆、黄燕、周珊玲、邓东方、邓贵清等一批散文诗作者，还组建了惠阳地区帆影散文诗社、惠州教育学院树下散文诗社。当时，孙雄在陆丰县甲子镇文化站工作，他很有才华，县文化部门很想用他，但因为他不是干部，一直未能调成，黄良坤亲自给当时的陆丰县委书记写了一封信推荐孙雄，不久陆丰县委组织部破格为孙雄转干并调到县里，后来孙雄果然不负良坤同志所望，担任了汕尾报社的主任，现在珠海市政策研究室任科长，并且是中国散文诗学会理事、广东省作协会员。

黄良坤就是这样求贤若渴、爱"才"如命的人，也许他没有轰轰烈烈的政绩，但却在自己兢兢业业的几十年工作中成就了不少人，他为人谦和厚道，清廉从政，平易近人，是龙川新时代文化名人的一张闪亮的名片，值得后人敬仰与怀念。

何福添（1933—2008）

何福添，男，龙川黄石镇公洞村人，中共党员（1980年入党）。青少年时期就读龙川一中，毕业后，在龙川县内从事中、小学教育多年。爱好文学，业余时间曾写有数百篇（首）各种类型的文艺作品，先后在全国各地报刊发表。1965年调中共龙川县委机关任职，主管通讯报道和调研工作。先后任龙川县委办公室主办干事、县委调研室副主任，龙川县政协常委、办公室主任等职。1991年当选为龙川县政协副主席。

在县政协任职期间，其对龙川地方史志和客家历史文化颇有研究且见地有独到之处。退休后，仍协助县政协从事地方文史、文献编纂工作，尤其着重对客家历史文化和龙川民间传统习俗、历史文化遗存等进行调研。撰写了《龙川客家先民探源》《龙川客家社区传统习俗》《龙川客家民俗文化调查》等颇具史料价值的论文和调研报告，在各地报刊发表，并两次参加广东嘉应学院客家研究所主办的"客家传统社会民俗田野调查报告会"，不遗余力推介龙川、宣传龙川、弘扬客家文化。

何福添长期从事文艺创作和编纂工作，著述、编纂颇丰。他是广东省民间文艺家协会会员、河源市民间文艺家协会副主席、岭南诗社社员、广东龙川客家联谊会常务副理事长，主要著作有诗歌散文集《龙川春色》和《龙川客家风情》。他还与他人合编大型地方文献《古邑龙川》和大型地方辞书《龙川人物录》；合作编著《当代龙川》《春满东源》《阮啸仙传》《龙川文化博览》《龙川民间故事集锦》《龙川首任县令——赵佗》及《川北革命斗争记事》等；十多年来一直主编《循州诗词》刊物。其传略辑入《中国人才辞典》《中华人物大辞典》《中华当代诗词家大典》等辞书。2008年2月9日，何福添于龙川病逝，享年75岁。

邓锦生（1916—2010）

邓锦生先生是龙川县车田镇人，他于1916年出生于一个普通农民家庭，尽管家境贫寒，但客家子民崇文重教的传统在邓家得以延续，幼年的邓锦生曾先后就读于和蔓、经馆、小学和中学，学习成绩名列前茅，颇得老师赞许，在就读中学之时，正值国难当头，生灵涂炭，锦生目睹人民疾苦，缺医少药，顿起恻隐之心，立志学医，济世救人，专攻医籍，遍览各家医要。他勤奋好学、涉猎诸多名医著述，功夫不负有心人，经过几年攻读，掌握不少医学知识。为追求更深的造诣，他拜名医陈心如为师，在名师指点下，经过对各种病例的诊治和临床总结，医术日益精深，上门就诊求医者络绎不绝。为了养家糊口，他边学医，边执教小学，先后曾就教于永昌、振武、至善等校。从师学医期满后辞去教职返回家乡服务桑梓，在车田街开设宏生堂中药铺，为群众治病去痛。

邓锦生行医，从善、讲究医德，经常施医赠药于贫苦人家，深得乡里乡外病人称赞，常有外乡病人寻来。新中国成立后即被医务界推举出任车田联合所主任，并被选为区卫生协会主任和县卫生协会委员。1956年由县选送他进省中医进修学校深造，由于学习成绩优良，结业后调省卫生厅药政科工作。后因县开办中医进修班并准备筹建县中医院，在县卫生部门的要求下，将邓调回本县担任医疗教学工作。

他先后负责举办了四期中医进修班,并带领大、中专院校学生临床实践辅导,培养了大批医药卫生人员,这些学员后来大多数成了乡镇卫生院的业务骨干。

邓锦生在负责医疗教学、培养中医人才的同时,仍然坚持出门诊为病人治病抓药,很多久治不愈的疑难病症和危重病人在他的精心治疗下得以康复。当时有位得了慢性肾炎的病人,四处求医问药都没有效果,群医为之束手,后听人推荐邓锦生医生,抱着试试的心态前去问诊,结果没想到经邓先生辨证治疗,经一段时间服药,终于痊愈,不少群众对邓锦生的医术、医德深表仰慕。他在医治急慢性肾炎、胃病、妇科、产后、小儿慢性腹泻、麻疹等病症上确有独到之处,因此赢得同行和许多病人的钦佩与折服。

邓锦生从事中医几十年,不仅医治病人,而且把在医疗实践中摸索总结的一整套临床经验著书立作,并潜心加以深入研究,写出了不少有关中医方面的专著。他先后整理出版中医验方三辑,草验方一辑,中医论文三篇,不少论文在《广东中医》杂志等报刊发表,为发扬和继承祖国中医传统做出了贡献。

何海澄 (1933—2015)

何海澄，1933年5月出生于龙川县岩镇石牙寨村（今库边村），笔名河流。中国音乐家协会广东分会会员，龙川县戏剧协会副主席，原龙川县文化馆馆长，被誉为"龙川山歌王"。在众多歌者中，何海澄可谓是客家山歌创作与演唱之集大成者，他在文化部门工作几十年，创作了大量反映时代生活的客家山歌作品，在各级报刊发表并在众多文艺活动中表演，皆屡获奖项。

何海澄出生于一个普通的农民家庭，父母生下兄妹俩，家庭生活贫苦。8岁进入本地小学念书，11岁便辍学在家，干起打柴割草粗活，14岁学扶犁耙干农田活，16岁随长者挑担上江西，以帮助父母维持家庭。在跟着大人从兴宁贩盐挑到江西去卖时，20多人组成的挑夫队伍，大家都喜欢唱客家山歌，其中还不乏山歌能手。他们一路挑着沉重的盐，一路高声唱山歌，重担似乎也变得轻了。他们大多即兴创作歌词，有时还更新唱法。何海澄后来的山歌创作在一定程度上受到了他们的影响。正因为艰辛的生活经历，对山歌的喜爱，以及山歌中蕴含着的浓厚的乡村情调，为何海澄今后的创作提供了源源不断的灵感，同时也为他成为"山歌师"打下了坚实的基础。

1951年夏，何海澄（19岁）考入龙川县第五中学（今贝岭中学）。在那年贝岭区举办的国庆节文艺晚会上，他的文艺才能被龙川县组织部长魏秋环意外发现，11月将他调入县刚组建的文工团，从此开始了他的文化艺术生涯。1952年，龙川县"土改"工作结束，而和平县的"土改"工作才刚开始。为支援和平县，组织上将何海澄调往和平县演出。一年多后，何海澄担任了和平县文化馆馆长职务，在和平县、龙川县文化馆馆长的职位上，他一干就是40年。他创作出来的客家山歌，在省、市、县比赛或表演中屡屡获奖。

何老从事民歌创作几十年。1942年起就经常编写抗日民歌，1950年始自编《妇女翻身歌》《分田分地大翻身》演唱资料，1954年自编的《新情歌》荣获韶关地区首届民间艺术会演第一名，作品在《南方日报》上发表。《金山堆上白云间》在《广东文化》杂志上发表。社会主义建设时期自编作品曾在中央及有关省、市、县级电视台报道及报刊发表，山歌《回娘家》在1986年广东全省业余文艺作品评选中荣获三等奖，还有《夫妻两岸看明月》《果林情话》《浪子回头》等作品，亦分别在省、市、县级评选中获奖。他从事民歌活动的作品，究竟有多少，连其本人亦无法统计，只能用他与梅州市斗歌中的一首山歌来表达，"'对面歌师何海澄，大家称你山歌精，究竟你有歌多少？请向观众讲分明。''𠊎名叫做何海澄，𠊎也不算山歌精，问𠊎山歌有几多，请你去算天上星'"。另外从事民歌生涯中，他获得奖励有多少，如今亦无法累计。

何海澄在长期的民歌活动中，最显著的艺术特点是即兴山歌。他与别人对话经常用山歌对答，冲口而出，对答如流，十分风趣，往往逗得大家哄堂大笑。1955年始，他多次参加省、市、县客家山歌擂台活动，参加省艺术节演出和省民歌研讨会。1990年10月2日，参加梅州'90山歌节"焕昌奖"兴宁合水歌会中，荣获"唱歌比赛二等奖"，同年10月3日在梅州'90山歌节"泰元奖"山歌擂台赛中，成绩优异，被梅州'90山歌节筹备委员会授予"梅州市山歌师"荣誉称号。1993年

3月参加惠州市委举办的《九棵松》山歌擂台赛，荣获集体银奖。

何海澄在从事民歌活动中，还注意民间故事的搜集。今搜集、整理、改编民间故事三百多个，在国家艺术科学重点研究项目——中国民间文学集成的编纂工作中成绩突出，被全国艺术科学规划领导小组、中国民间文艺家协会、中国民间文学集成全国编辑委员会评为先进工作者。

如今何海澄的儿子何中凡继承父业，成为龙川山歌的新生代，获得了2009年公布的"河源市市级非物质文化遗产之客家山歌代表性传承人"称号。龙川客家山歌后继有人，定会在何家人及龙川其他山歌爱好者中发扬光大、流芳万代。

张克明（1913—2016）

张克明先生生于1913年4月12日，广东省龙川县通衢镇三联村人，民国二十六年参加广东全省会考，在20多万考生中名列第三名。就读中山大学附属高中时开始参加抗日爱国运动，刻苦学习，希望从中国古典文学中寻找学问、寻找真理。1933年进入中山大学文学院社会学系学习。中大教授何思敬、邓初民、萧隽英是中大有名的进步教授，专讲马列主义，在他们的强烈影响下，张克明开始走上寻找革命的道路。1936年，他参加李济深领导的"中华民族革命同盟"，在广州与方少逸等创建《在抗战旗帜之下》《知识往来》刊物，同年参加"救国会"，在华南总部何思敬领导下进行抗日救国宣传活动。1937年毕业于广东中山大学文学院社会系。1937年，抗日战争爆发，他在香港与冯伯恒、方少逸等组织中山大学战地服务团，团长是中山大学校长夫人梁定慧女士。1938年春，中山大学战地服务团北上劳军，张克明为团员。1938年春至1940年秋，该团携带药品到河南、江苏、山东、江西、广东等省抗日前线劳军服务。后张克明回到龙川寻找地下党组织。在陈汝棠的介绍下找到古大存，开始了龙川地下党的革命工作，1938年冬至1940年夏，在中大战地服务团掩护下，于广东龙川县故乡在李健行的见证下参加中国共产党。他曾任龙川县委统战部部长，在县委领导下，创办《龙川日报》，任社长；组织"龙川青年抗日先锋队"，任秘书长，组织"青年自我学习班"，任班主任。

1941年在香港，在千家驹主编的《经济通讯》任干事。1942年，从香港日寇铁蹄下逃回龙川故乡，以"组织伪党，危害民国"罪被捕入狱，是年冬假释。1943—1944年春，在广东省教育厅任干事，因裁员去职。1944年下半年在龙川田心屯组织农民修路造林，兴修水利，实行公斗公秤。1945—1946年春，在龙川金安中学教书。1946年，张克明到了香港参与建立"民革"的筹备工作，筹建"民联"粤、港、澳总部，任宣传委员。在香港九龙先后于培侨中学、小学教书，维持生活，筹办《民潮》月刊任督印人，参加中国国民党革命委员会的成立大会并成为中央候补委员，中央宣传委员会委员兼秘书。1948年至1950年，又参与筹办香港《文汇报》，地点在荷里活道，后两次去云南策动国民党军政人员起义。1950年以后，张克明先后在民革中央担任组织部副部长、中央委员、中央常委等职，同时还在民革北京市委担任领导职务，他还当了多年的北京市政协委员和全国政协委员。

一、民革中央

1. 1950—1953年，负责统战方面的工作，在民革中央组织部任副部长；

2. 1956—1980年，任民革中央委员；

3. 1980—1992年，任民革中央常委；

4. 1980—1992年，先后任民革中央祖国统一委员会副主任、主任，民革中央学习委员会主任；

5. 1992—1996年，任民革中央监察委员会副主席，以后任民革中央顾问。

二、民革北京市委

1. 1951—1956年，任秘书主任；
2. 1956—1984年，任副主委兼秘书长；
3. 1984—1988年，任副主委。

三、北京市人大、政协

1. 1954—1979年，任人大代表、市政协委员兼副秘书长；
2. 1978—1988年，市政协常务委员。

四、全国政协

从1964年起任第四届政协委员，一直连任第五、六、七、八届政协委员，连任五届。

在龙川从事党的革命活动期间，张克明同志主持出版发行《龙川日报》，使当时的龙川思想政治面目一新。1939年元旦正式创刊，张克明题写创刊词。报纸对当时的抗日救亡工作起到了很好的宣传、思想教育作用。作用不亚于《龙川日报》的青年自我教育班。《龙川日报》在张克明的积极创办下取得了良好的效果。同时在1939年，张克明还创办了青年书店，他任书店负责人，在他的主持下，书店大量发行进步刊物，这对龙川宣传进步思想起到了很大的作用。书店还成了当时我党的地下联络地点，楼下卖书，楼上党员开班、学习。在他的领导下，还成功组建了龙川青年抗日先锋队，青年们有了自己的合法团体，抗先队队员迅速发展到近三千人，抗先队在巩固与发展的情况下还吸纳了不少农民积极入党……

张克明为龙川乃至全国的革命事业付出了巨大的努力，也收获了不菲的成就。他离休后仍不忘工作，2011年冬，他还向龙川党史办提议编辑出版一本反映龙川县革命斗争历程的文集，以传承革命精神，教育青少年。在经请示县委、县政府同意后,县委党史办通过各种途径广泛收集相关革命史料,于2012年3月底完成《中央苏区县·龙川革命文集》初稿,百岁老人张克明还亲自审阅了这部文稿并题写了序言,老人的赤子之心可见一斑。2016年1月4日17:30,张克明同志因病医治无效,在北京逝世,享年103岁。

黄石华（1919—2016）

黄石华出生于1919年2月16日，字行奋，笔名磊、茅舍，出生地是客家古邑龙川县的黄布镇金鱼乡马岗村，他曾任饮誉海内外的香港崇正总会会长兼理事长。

他是抗元民族英雄黄海龙裔孙，辛亥革命护法军统领黄文氏将军次子。黄石华父亲黄文氏，初与义兄周南煌参加清末之征兵营，隶归李济深部，任排长，民国前两年1月进入黄埔陆军小学第五期受训，与张发奎、余汉谋、薛岳、李汉魂、陈济棠、徐景唐、李煦寰等为同期同学，毕业初分发琼州任连附，后邑人张化如奉陈炯明命组织民军武装支队，自任支队司令，邀周南煌为副司令兼统领，黄文氏任统领。第一次北伐时，黄文氏义兄弟、梅县熊略奉命成立步兵模范团，熊略自任团长，周南煌任营长，黄文氏任连长，随军北伐，归姚雨平军长指挥。黄文氏积功升少校营长后任粤军独立第六兵团中校团副（义兄周南煌任团长）。嗣参加护法援闽之役，编入丘耀西纵队中将司令麾下，当时"中华民国先总统"蒋公介石任少将督战官，周南煌任少将副司令，黄文氏任上校统领辖两营。黄石华父亲黄文氏生平慷慨好义，英勇善战，后病逝军次，时黄石华年仅九岁。

从石华先生族史和家史中可看到，其祖先、祖父和父亲，都是热爱祖国、热爱民族的客家英雄豪杰。旧中国有这样浓厚的爱国思想家庭为数不多，石华先生不但出身于爱国家庭，而且他的母亲更是一位具有强烈爱国主义思想的客家妇女，在石华先生幼年失怙受人凌辱的岁月里，他母亲"教以古今名人成功故事"，要求他有"继志报国，毋堕家声"的思想。俗话说："种瓜得瓜，种豆得豆。"石华先生在这样爱国家庭的陶冶下成长，从小在他的灵魂中就烙上爱国主义思想，长大后必然成为一位热爱祖国、热爱人民的仁人志士。

石华先生幼年丧父，由母亲曾氏抚养长大。石华先生没有因家庭贫困而丧失志气，在龙川中学就读时，就开始向全国报刊投稿，如《中学生杂志》《东方杂志》《生活周刊》等，赚取稿费作为学费开支，正因如此锻炼了石华先生的思辨能力与妙笔文锋。石华先生18岁时参加广东全省高中毕业会试时名列第三名。翌年，抗日战争爆发，石华先生以满腔热血投入抗日救国工作，在家乡成立了"抗日救国会"并当选为会长，后追随张克明先生，成立东江抗日先锋队，被推任为总干事并与友人创办《龙川日报》《东江日报》宣传抗日救亡。随后又投考中央政治大学，考试成绩在广东考区名列榜首。石华先生大学毕业后任职于国民政府中央地政局，负责起草扶持自耕农条例，并指导四川北培、甘肃黄惠渠及福建龙岩地政实验区工作。石华先生是近代中国土地改革推动者之一，对中国的土地改革做出过杰出贡献。1943年起，石华先生进入教育救国行列，先后任教"国立西北农业技术专门学校""国立兰州大学""广州大学""广东省立法商学院""广州国民大学"及"中央训练团西北分团广州分团"特约讲师，在教学生涯著有《土地经济》及《我国经济建设自力更生利用外资之途径》《计划经济与民生主义》《共产主义理论与批判》等专著。石华先生教学才能出众，被国民政府评定为大学教授。抗战胜利后，石华先生弃教从商，在香港创办了"安生堂药厂"，产品畅销世界各地。石华先生是一位知名的儒商，鉴于石华先生渊博的学识、出众的才华和对社会所做出的贡献，香港岭南大学颁授其荣誉博士学位。

石华先生平日热心社会公益，忠于国家民族，在海外名重于时，在香港曾担任多个工商机构福利社团重要职位及名誉会长、会长等。先后曾任《星岛日报》编辑，《商业日报》副总经理兼采访主任，《自由报》督印人，安生堂药厂暨置业公司主人，集成图书公司董事、执行经理，大华出版有限公司董事、执行经理，华特出版香港公司总经理，华英出版社有限公司董事长，世华联合保险有限公司董事长，治强有限公司董事会主席，保良局总理，中华厂商联合会常务会董兼宣传部副部长、部长，香港制药总商会监督，九龙总商会常务理事兼海外联络部主任，中国国术体育总会永远会长，新兴国术会会长，孙中山纪念会会长，中山医院赞助人，香港华侨总会会长，香港社团首长合议总会会长，香港中区、李郑屋村等三十五区街坊会会长，龙川同乡会创办人兼会长、理事长，"国立政治大学"香港校友会创办人、理事长、副会长。

1968年起，石华先生出任香港崇正总会理事长、会长、永远名誉会长等职务，成为该会任职时间最长的领航人。石华先生主持香港崇正总会期间，主持召开首届"世界客属恳亲大会"，主持成立"香港创建学会""香港海峡两岸关系研究中心"，并多次主持召开"国际客家学研讨会"。将传统式的社团改变为现代式社团，把香港崇正总会带进了学术界，使香港崇正总会学术化，使该会成为香港重要的社团组织之一，成为全球客家人联谊的桥梁。

香港崇正总会成立于1921年9月，催生它的直接原因是1920年上海商务印书馆所出版的沃尔科特（R.D.Wolcott）的著作《世界地理》，其中称，广东"山地多野蛮部落，如客家等是"。于是北京、上海、广东等地的客家人哗然，纷纷交涉更正。居住在香港的客家人于翌年组建"香港崇正总会"，创立宗旨是：联络海内外客属人士，考证客家源流，交换知识，振兴工商事业，兴学育才，使海内外客家人拧成一股绳，共谋公益，以天下为己任，爱国家、爱民族、爱社会。香港崇正总会由赖际熙等客家领袖发起创立，后由陈承宽和张发奎先生给予发扬光大。

1968年4月，石华先生主持香港崇正总会时，将停滞了半个世纪"客家学"研究，再次推向发展高潮。为了更广泛、深层次地进行"客家学"研究，石华先生提出了"客家学"的定义和内涵，为客家学做出了正确的界定和为"客家学"的建立及客家族群历史文化的研究指明了方向。石华先生在《崇正同人系谱》重印序言中指出：对客家民系研究，应该运用科学方法和观点，系统地研究客家族群的历史源流、组织、现状和发展规律，推及社会、经济、语言文字、民俗、文化，以及族群心理、感情、意识的发生、演变，指出该族群发展的规律，并以科学全面的、多方面的研究，探讨客家族群与整个汉族及中华大传统的关系，分析客家人族群性，于人类文化的意义，进而以科学论证，客家族群对中华民族与世界人类所做的贡献。他提出客家民系是汉民族中优秀的一支，中国"国父"孙中山、中华人民共和国元帅朱德及叶剑英，新加坡前总理李光耀等都是客家人。历史上在海外称王建国，有罗芳伯创建兰芳共和国，叶亚来开拓马来西亚吉隆坡，统治过缅甸的尼温，这些人都是客家人。孙中山先生领导的革命，十次起义有六次是在客家地区。抗战时中国分十大战区，有五个战区正或副司令长官是客家人。毛泽东、朱德领导红军二万五千里长征，江西兴国县（客家县份）仅有23万人口，就有7万人追随毛泽东、朱德。所以说客家人不但为中华民族留下了正气，亦为国家社会甚至人类建立了功勋。石华先生认为，历史是教育人民，尤其是青年人的好教材，强调客家人的历史地位和作用，对于增强客家族群意识，团结海内外客家人，具有重要意义。石华先生多次主持召开国内外"客家学"研讨会，并积极资助高等学府，建立客家族群研究机构和出版"客家学"书籍。石华先生不仅是新时期"客家学"的倡导者，也是"客家学"积极推动者，为弘扬客家精神和客家文化做出了不可磨灭的贡献。

石华先生在主持香港崇正总会期间，与中国社会学院及其他有关单位的专家、学者合作，首次发现和证实陕西、豫西、陇东及皖北一带是客家先民的原祖地，黄海是客家族群的母亲河。同时指出秦始皇派赵佗率五十万大军南下岭南，龙川县是岭南客家先民的发祥地，第一任龙川县令赵佗是岭南客家先民的初祖，突破了罗香林教授《客家源流考》一书的五次迁徙之说，讲客家先民首批南迁从西晋"永嘉之乱"时期上溯了五百年。这是石华先生在考证客家源流方面又一大贡献。

如果说赖际熙、罗香林等先生开创的"客家学"研究，洗去了客家屈辱的历史，那么，石华先生创办的"世界客属恳亲大会"成立全球客家崇正会联合总会，就促进了全球客家人空前的团结；如果说抗日十九路军客家将士打出了爱国雄风，那么石华先生组织客家精英起草的"十点国是意见"，就体现了客家子民对祖国拳拳赤子之心！

不仅如此，石华先生还身体力行为祖国家乡公益事业做出贡献：1988年11月6日，云南地震，他提请香港崇正总会率先捐款，并呼吁各界人士慷慨解囊赈灾；1989年夏，时局动荡，黄老以香港崇正总会名义发表讲话，呼吁香港市民冷静，莫损香港安定繁荣，获各界热烈响应和赞扬。近年来，为使闽、粤、赣三省客家聚居市、县早日脱贫致富，黄老极力为这些地区引进外资建电厂，并在云南丽江、陕西丹凤、福建宁江等地捐建希望小学。为使家乡进一步改头换面、兴旺发达，他拟投资龙川老隆镇京九、广梅铁路交会处开发区，创办循州国际大学；以崇正总会名义捐资人民币200多万元支持新城中学建设。在黄老的影响下，到龙川投资办厂的外商越来越多，仅1999年，签订投资合同就有59宗，总投资额近亿元。一颗丹心，满腔碧血。黄石华先生以他一片拳拳赤子情回报着祖国母亲，回报着父老乡亲。

石华先生90年来所走过的人生道路，贯穿着爱国家、爱民族、爱社会、爱客家的伟大情怀。不论他在青年时代，还是在古稀晚年，不论在逆境还是在顺境，都树立了强烈的报国为民思想。正如毛泽东主席所说："一个人做点好事并不难，难的是一辈子做好事。"石华先生如此受人尊敬和爱戴，正是因为他一辈子为国为民做好事，就像蜡烛那样燃尽身躯照亮人间。正如石华先生所说："我所做的一切，均是冀盼祖国富强，民族振兴，百姓幸福，绝无他求。"

2000年11月12日下午，这是一个让龙川人民欢欣鼓舞的日子。黄石华先生率领着香港崇正总会回乡观光团一行32人跋山涉水，浩浩荡荡回到生他养他的故里家园。耄耋之年的黄老来不及卸下一身的风尘和疲惫，就迫不及待地扑进正敞开胸怀迎接他归来的家乡母亲怀抱，抚着家乡的一草一木，听着亲切的乡音俚语，黄老先生感慨万端、唏嘘不已，故地重游，思绪万千。60年了，一个本该漫长的日子就这么须臾而过。如果说60年前站在讲台教书育人的只是一个普普通通的灵魂工程师，那么60年后，再踏上这片土地的则是一位儒商政兼备的志士仁人。黄老先生不仅兴致勃勃地参观了隆师校友会堂、体育馆、科学馆，还热心捐资，祝贺将于11月19日举行的70周年校庆。

2016年2月5日，黄石华先生因病医治无效，在香港逝世，享年97岁。

综观黄石华生平，致力于文化、教育、出版事业，自强不息，推广道德伦理，弘扬中华文化，不遗余力服务社会，领袖群伦，行福国利民之工作，数十年如一日，尤其是担任香港崇正总会理事长，前后二十余年，出钱出力，诸多建树。黄石华自少峥嵘，展其抱负，成为香港社会中坚，极负众望之领袖人物，而其公而忘私精神，使人对他留下永恒的崇敬！

郑 群（1921— ）

郑群，男，汉族，1921年8月生于广东五华县。郑家祖辈来自福建，到郑群为第十六代，祖父母是地道的农民，共生有三男五女，祖父死得早，祖母活到八十多岁，父亲郑肯堂在家里排行老二，为清末师范学校毕业生，长期做小学教师，后改做中医。母亲魏运姐出生于普通农家，能干、利索，身上散发着山区妇女特有的淳朴、宽厚、勤劳的气息。郑群为家中最小的儿子，自小在父亲的教育、母亲的呵护下成长。1928年郑群结束了自由自在的幼童生活，开始了朝出暮归的学童生涯。他就读于村三育学校，第二年随父亲转入作人小学，1933年他以优异的成绩考取水寨的振兴小学。1936年春，郑群参加初中入学考试，以第一名的成绩考入县立五华二中（即河口中学），开始了决定他人生方向的二中岁月。

对于近代中国来说，20世纪30年代的中国是个多事之秋，相继发生了西安事变、七七事变，热血沸腾的郑群看到国民党中央军校（第四分校第十六期）到兴宁招生，异常兴奋，便前往一试，结果天未遂人愿，因为沙眼他被军校拒绝了，但正是这次积极的举动，他被中国共产党组织悄悄列为发展对象。1938年冬，郑群在五华二中加入中国共产党。入党后不久，他就离开二中，随着革命斗争形势的需要，他从事过不少职业，然而基本上都是为掩护革命活动而为，也就是从那时开始他成了一名职业革命者。1939年至1945期间，郑群先后担任中共五华横坡区区委委员、区委书记、良田工委书记、和平县委宣传部长、紫金县委特派员、东江后方特别委员会武装部长、东江人民抗日自卫总队长等职务。1946年参加东江纵队北撤山东，任华东军政大学第五大队第五队教导员、支部书记。1947年至1950年3月历任中共九连工委委员、中国人民解放军粤赣边支队副司令员、九连地委常委、中国人民解放军粤赣湘边纵队东江第二支队司令员、粤赣湘边纵队第四支队政治委员兼支队党委书记。解放战争期间率部参加和指挥九连地区有名的"五战五捷"和指挥解放东江上游各县的老隆战役。新中国成立后主动要求下基层工作，任当时顺德县县长、县委第二书记，粤中共党委农村部副部长、佛山地委委员、原南海县委第一书记、惠阳地委副书记、韶关地委副书记兼龙川、清远县委书记数年，历任省林业厅厅长、厅党组书记、惠阳地委书记兼军分区第一政委、党委第一书记、省委统战部部长，省政协副主席、党组副书记，广东省社会主义学院院长、党组书记，中共广东省委第五、第六届委员会委员，全国政协委员等职务。

  1960年秋，省委指派郑群以韶关地委副书记的身份到龙川县兼任县委书记，在此期间他为客家古邑龙川县做出了杰出贡献。那时正值三年大困难时期，全国上下放开手脚"大跃进"，然而饥饿、死亡、疾病接踵而至，郑群来到龙川走乡串户，发现这里问题十分严重，农民饥饿难耐、走投无路，到处死人，他随即以个人名义向省委书记陶铸拟就了一封绝密电报介绍龙川的基本情况，后接陶铸电话指示"整风整社"，郑群迅速组织人员开会，但随后他发现开会并不能解决问题，一定要想办法解决肚子问题和死人问题，他迅速做出决定，必须马上组织生产自救，还以龙川县委的名义签发过《关于劳动力保护几项规定的指示》。为解决"三病"病人治疗，他亲自蹲点贝岭指导救治工作，有时为了拉近与群众的距离，他不愿坐车，踩着单车在下面公社调研，还提出：下放自留地；允许私人开荒、调整生猪饲养调购政策和粮食油料收购政策、粪肥下放等比较宽松的政策。切切实实为龙川父老解决生计问题，农民积极性被充分调动，这一年龙川县粮食产量达到236万担，其他农副产品也获得大丰收，使得其他县市也风闻、学习。郑群对龙川人们的贡献远不止这些，在解决所谓的龙川"地方主义"、经济建设、社会文化建设上他作为主政领导都起到了良好的领航作用，赢得了龙川各个阶层的敬重与爱戴。

郑群同志离休后，仍一如既往地献出自己的光和热。20世纪80年代末，他在广东首倡，在全国率先开展"增强中华民族凝聚力"的系列研讨活动，并成立广东中华民族凝聚力研究会，被推举为会长。20多年来，他殚精竭虑，把研究会的工作开展得有声有色，取得了丰硕成果。

现在广东中华民族凝聚力研究会有会员300多人，形成了一支由多位科学人组成的研究队伍。举办过12次较大型的和多次中小型的学术讨论会，出版了《中华民族凝聚力学》等16部专著和10部论文集，对中华民族凝聚力进行了不断深入的多层次、多角度的研究，被中共广东省委有关领导同志誉为"我们建设文化大省的一个品牌"。该会具有开拓性的研究成果也得到学术界广泛的认同和支持，普遍认为它开拓了社会科学研究的一个新领域，并有望在不久的将来，"中华民族凝聚力学"能成为一门新兴的学科，而郑群也将随之被人铭记。

叶绿野（1922— ）

　　叶绿野，1922年5月生于广东龙川县通衢镇一个有名的才子村，原名老宪洪。在那个年代叶氏家族曾是当地富甲一方的大家族，叶绿野的父亲叶含华，祖上本有40多亩地，但为了3个儿子读中学、念大学，10年间花光了所有积蓄，变卖田地，乃至负债累累。他一家三兄弟均习画，除了受两位兄长的影响，叶绿野走上绘画之路还跟一位堂兄有关，堂兄毕业于刘海粟办的上海新华艺专，毕业后在广东省立老隆师范学校教美术。叶绿野便随堂兄到这所学校念书，一次学校办图画比赛，叶绿野崭露头角便拿到较好的名次，之后，叶绿野在学校就出了名，同学、老师纷纷找他要画。"人家买纸来，能不画吗？"毕业后也因为画画出名，叶绿野在学校的附小教起了美术。

　　叶绿野自小胸怀远大理想，不愿一辈子窝在山坳里，后来辞去小学教员的工作前往广州，1946年他顺利考取高剑父首创的南中美术学院，继而入春睡画院，成为高剑父的入室弟子，被认为是岭南画派的正宗传人。1950年参加广东西江文工团任美术队长，曾任原增城县宣教委员会副主任、增城工艺厂美术工艺部主任，1978年后任广州美院讲师、副教授、教授。1991年叶绿野受聘为广东省中国画研究学会理事和岭南画派纪念馆董事，1994年受聘为高剑父纪念馆艺术顾问，1998年受聘为香港美术学院荣誉教授。为了对叶绿野的艺术成就做较系统的研究，2003年中国美术家协会、北京文史研究馆、广东省美术家协会、广州美术学院、广州市文史研究馆、广东美术馆共同主办了"叶绿野——润泽的岭南"展览和举办相关研讨会，于当年10月在广东美术馆首展，翌年6月在北京中国美术馆再次展出。叶老艺术成就高，常应邀赴美国、加拿大、英国、法国、日本、韩国、新加坡、泰国等国家和港澳台地区进行艺术交流、举办学术讲座和个展，并先后在中国美术馆及全国各地多个大中城市举办个展，其作品被中国美术馆及国内多家美术馆购藏。他的作品先后结集出版的有《叶绿野画集》十二册和《叶绿野花鸟画技法》音像制品三辑，相关研究著作有：《京粤专家访谈集——从叶绿野的作品重新解读岭南画派》《叶绿野评传》《丹青叶脉——叶绿野的艺术与人生》等。

岭南画被誉为"岭南三秀"之一，高剑父为创始人之一，作为高剑父的关门弟子，主攻花鸟的叶绿野先生被老师评价为"笔性文静"，还透过《牡丹亭》"月明无犬吠黄花，雨过有人耕绿野"之意境为他取名"绿野"。身为客家人的叶老可谓生于斯长于斯，在广东这块润泽的土地上，他深刻领会岭南画派的精髓，笔下深深贯注了岭南文化的丰泽神韵。谦逊的他从事绘画艺术近半个世纪，却总认为自己真正进入绘画上的自由王国，还是在70岁以后，他说"过去画鸟雀还分辨一下种类，现在几乎是随心所欲，下笔毫不犹豫。"叶绿野还觉得，一直画到80年代，自己才堪配"画家"之称："以前是挂在老师的'户口'上，后来才慢慢把'户口'独立出来。" 叶老给自己画的评价是"清新润泽""干净明丽，生机盎然"。为避免干扰，九十高龄的叶老现在仍然每天凌晨4点起来画画，天明方歇。即使站到脚都麻木了，画完后也一定要把画笔和用具洗干净，地上的铅笔屑也要扫得干干净净。叶老载誉一生却仍虚心学习，其在美院当"学生"的事迹，被圈内传为佳话。有天晚上，他发现在广州美院读书的女儿在翻阅讲义《平面构成学》。他印象中似乎自己没有学过这门课程，为了解究竟，他与女儿商量一起去听课，还认真记笔记，课后还跟女儿的老师交流。平面构成理论特别强调对比，而国画根本就是一种对比的艺术———疏密、冷暖、大小，之后，叶绿野有意无意地把这种理论运用在画中，画风不知不觉又为之一变。正是因为这样虚心求教，在艺术道路上坚持不懈，不断探索，才成就了今日之叶绿野。叶老数十年来孜孜不倦，每天拂晓作画，天亮方歇，其"着意缀南天"的执着精神，定能被后辈所继承与发扬。

2006年12月28日，叶绿野美术馆在其家乡广东河源市建成开馆，展出叶绿野捐赠的100幅国画作品，使得乡亲们能亲眼看见老乡的艺术成就与风采。

容柏生（1930— ）

容柏生，建筑结构专家。1949年毕业于广东省龙川县第一中学，1953年毕业于华南理工大学。广东省建筑设计研究院高级工程师、总工程师。20世纪70年代从事高层建筑结构设计方法的研究及实践，研制出一套完整的实用型设计方法及计算机程序。1983年在国内首创出新型的"超级构架"结构体系。1985年成功地在花岗岩残积土层上用天然地基建成18层高建筑。1989年采用多项新技术及措施设计并建成63层高大厦，为当时国内最高的钢筋混凝土高层房屋，其中无粘结部分预应力楼盖的应用属国际先进水平，设计和施工获国家科技进步二等奖。他在剪力墙结构中补充了短肢剪力墙结构。他参编国家技术规范2项，主编技术规范2项。1989年被建设部授予中国工程设计大师称号。1995年当选为中国工程院院士。

容柏生早期代表设计作品有：广州白云宾馆、深圳香格里拉大酒店等，近年参与了国内多数超高复杂结构的评审和顾问，尤其是400米以上的超高建筑。

2004—2008年，他任哈尔滨工业大学特聘教授，指导博士研究生。他是中国工程设计大师、教授级高级工程师、国家一级注册结构工程师、英国结构工程师学会资深会员、中国建筑学会高层结构专业委员会委员、广东省土木建筑学会名誉理事长、广州市建筑科学技术委员会副主任委员兼结构与抗震专业委员会主任委员。

谢逢松（1932— ）

谢逢松，1932年10月出生于广东省龙川县，中共党员，诗人、电影剧作家、电影评论家、书法家。1951年毕业于广州南方大学政治系，分配到设在广州沙面的华南电影公司宣传科当编辑；后调南昌，任江西省电影公司主任；1954年春天，调往北京，先后在中国电影发行总公司、北京电影制片厂担任文编、绘画、电影剧本创作等部门的领导工作，现为专业作家，国家一级编剧。谢逢松先生还是中国作家协会、中国书法家协会、中国电影家协会、中国电影文学学会、中国电影评论学会、中国世界电影学会会员，曾被多所大学聘为客座教授。

谢逢松出生在广东龙川县的一个客家山村，在家中排行老三。在客家地区父母都会为子女起贱名，认为这样好养活，逢松父母为他取小名叫谢日妹。谢日妹十多岁的时候，父母相继去世，八个兄妹也夭折了四个，而他也许真应了"名贱"的缘故，活了下来。以致后来谢老回家乡探亲，老人们还叫他"阿妹"呢。父亲谢慕梁是一位乡村私塾教师，对古典诗词和书法均有研究，受父亲影响，天资聪颖的他，从小将古文"千家诗"倒背如流，人称"小神童"。客家地区山歌缭绕，生活在这里的他自小熟悉客家山歌；上学后，还认真阅读外国诗歌，他就是在这样的基础上开展诗歌学习。他常常边放牛、边读书，为了能上区中学，谢逢松答应了收养他的堂哥的三个苛刻条件：用费比别人省，考试必须考第一，农忙时回家帮忙。为此他省吃俭用，发奋苦读，成绩年年名列第一。1949年夏天，谢逢松以优异成绩考进了县高中。他背着简易行囊，乘船进了县城，至此他开始了高中生涯。

1949年10月广州解放，恰逢由叶剑英任校长的南方大学到专区招生，条件是高中毕业，品学兼优。而正在读高一的谢逢松却不按部就班、越级参加了考试，谁知一考即中。为庆贺成功，谢逢松邀请几个伙伴去电影院看电影，这是他有生以来第一次看电影，他以为看电影和看戏差不多，就求售票员买了第一排的票。影片放的是越剧《祥林嫂》，剧末祥林嫂倒在茫茫一片白雪中，起初他还以为祥林嫂会倒在自己头上呢，身临其境的电影之旅让谢逢松对电影有了新的了解。那个从小地方出来、从未看过电影的小男生竟然就此与电影结下了不解之缘。

在南方大学谢逢松仅上了三个半月的大课，就被华南电影公司选去当了干部。直到那时，谢逢松才真正开始踏入电影艺术之门。在公司，他一边写影评，一边写诗。领导同志看中他出身好、水平高、工作能力强，便把他调入江西省电影公司当主任。那时，他才二十出头，在以后的两年中，谢逢松又当主任，又做编辑，勤奋过人。在写作上，他不趋时好高，注重点滴积累，获得了长足的进步。1954年，谢逢松调进中国电影总公司，任编绘科长并负责《中国银幕》杂志的编辑工作。

"文革"期间，谢逢松不幸被打成了"小二黑"（黑干将、黑秀才），下放到干校劳动。可他丝毫没有灰心、丧志。接受批判之余，他仍然写诗、写小说、写寓言。同时，他结识了画家范曾，并成为知己。自此，谢逢松又爱上了书法。后来他的书法作品日臻成熟，和他的诗歌一样，他的书法作品属于"豪放派"，国内不少报刊发表过他的作品，部分作品还收入《笔端春秋》《电影名人书画集》《中国名家书画集》等书，出版了专集《逢松书法选》，并在韩国、新加坡举办的国际汉文书法大赛中获奖。

就在那不寻常的岁月里，谢逢松竟接连不断地创了两个第一：1958年，他写了处女作《雷》，成为电影界第一个写毛主席"大跃进"时期视察大江南北的剧本；1962年，他第一个写了反映我军高级将领贺龙的剧本《战斗的年华》。但后来剧本挨批，被打成"大毒草"。就是这个从广东客家山坳里走出来的瘦弱汉子，凭着一腔热血、天才和勤奋，干出了一番惊天动地的事业。1973年，谢逢松踏进了他梦寐以求的北京电影制片厂任专业编剧。至此创作一发不可收拾，他创作（部分与人合作）的影视剧本有：《白色的琴键》《战斗年华》《电梯上》《红墙外》《高楼边》《红楼梦六部八集》《程咬金》《尉迟恭》《俏罗成》《秦叔宝》《古墓荒斋》《针锋相对》《陈喜庚》《寻找快乐谷》《小车女司机》等二十九部。

谢逢松先生多才多艺，还与人合作，出版有文艺评论集《识韩英》《论诗意》《文学写作》《电影剧作浅论》《文艺鉴赏》等，思想杂文集《恶鬼的眼泪》《好读书，好求甚解》《立志与创业》《祝你成功》《爱情与婚姻》等。谢逢松是一位极具涵养的文人，谈吐永远轻声慢语，在他身上"腹有诗书气自华"之感强烈而浓郁。谢逢松多才多艺，除了剧本创作外，他还写过上千首诗，1988年出版《逢松诗选》，1993年出版《新山水诗稿》，此外他还是中国书法家协会会员，在"第九届韩国美术、书法大奖展"中获得特选奖金牌。谢逢松对自己严格要求，格外珍惜时间，鞭策自己在艺术创作的道路上马不停蹄。中国的诗、书、画同源，而谢逢松便是集诗、书、画和文学于一身的大家。

谢国雄（1933— ）

谢国雄，1933年5月出生于广东省龙川县黄石镇，为龙川谢氏寿八公后裔。原海南南海舰队榆林基地政治委员，中国人民解放军海军少将。

1949年12月加入中国新民主主义青年团，1950年5月20日加入中国共产党。1951年7月参加干校入伍，在海军预科总队学习，历任学员、副区队长。1952年5月毕业后历任海军鱼雷快艇某大队文化教员、政治工作员、文件管理员、鱼雷快艇某支队政治部组织科干事、快艇某中队副政委及政委、快艇支队教导队政委、南海舰队政治部宣传队队长、导弹快艇某大队政委、快艇某支队政治部副主任、快艇某支队副政委、海军西沙水警区政委兼中共广东省西沙、南沙、中沙群岛工作委员会书记。

海军榆林基地位于海南三亚，东经109.5度，北纬18.2度，是中国最南端的优良海港，也是支持南海诸岛的前哨基地，港内平均水深10~25米，拥有广阔的面积和优良的水深。1955年3月15日，以海南岛水警区为基础组建海军榆林基地（38002部队），隶属中南军区海军建制。设司令部、政治部、后勤部，1985年增设装备修理部。1985年谢国雄调任海军榆林基地副政委（副军），1990年1月任政委（正军），1993年7月24日谢国雄从海军榆林基地政委岗位退休，现为政协海南省历届委员联谊会理事。

  1952年谢国雄荣立三等功一次。1965年参加"八·六"海战,荣立三等功一次。1986年进海军学院学习,1987年入中央党校学习,1988年9月1日被授予海军少将军衔。1988年被选为海南省人大代表,是政协海南省第二届委员会委员。曾多次被评为先进干部、模范政治工作者、优秀共产党员。1992年进国防大学学习。1994年主编出版《大特区军营的思考》一书,另撰写的文章被收入《中国软科学文库》,主要成就载入《世界优秀人才辞典》。

何添发（1938— ）

何添发，1938年1月出生，广东龙川人，中共党员。1959年在无锡师范学校学习。1961年任无锡市三中教师，市青联副秘书长、侨联副秘书长。1962年在上海戏剧学院表演系学习。1965年在中国音乐学院进修声乐。1966年任上海戏剧学院"文革"筹委会主任。1967年任上海戏剧学院表演系声乐教师、系党总支委员。1979年任上海戏剧学院党委委员、党办副主任、统战部副部长，上海市侨联常委、副秘书长。1982年任上海戏剧学院党委副书记、组织部部长，上海市侨联常委、副秘书长。1984年任上海戏剧学院党委书记，上海市侨联副秘书长。1987年任上海戏剧学院党委书记兼代理院长，上海市侨联副主席。1990年任上海市侨联主席、党组书记。1993年任中共上海市委宣传部副部长，市侨联主席。1995年任中国侨联专职副主席、党组副书记。中共十五大代表。全国政协第九届委员，第十届常委、港澳台侨委员会副主任。

陈荣琚(1938—)

陈荣琚,男,号阿左,1938年8月出生于广东龙川县,祖籍福建永定县,民革委员、中共党员、教授。1954—1960年就读于龙川县第一中学,1964年毕业于中国戏曲学院美术系。1970年起在北京电影学院美术系主授水粉静物、风景和书法课。现为北京电影学院院务委员会委员、教授,民革北京市委常务委员,北京市政协委员,同时兼任电影学院书法研究会会长、中国书法家协会会员、中国电影家协会会员。北京中山书画社副社长及艺术委员会主任,中顾委文律书画研究会副秘书长等职。

龙川地处广东僻隅,陈荣琚出生在此甚少接触到外来的东西,加上家境贫寒,幼时父母相继早逝,兄弟姐妹又不在一起,陈荣琚的童年可谓艰辛,独自一人,过着自理、自立、自强的日子,生活非常艰难,根本没有机会也不敢奢望去接受专业而系统的学习。不过尽管幼时家境不好,但父母都爱好书画,从小受家人影响,他对字画很感兴趣,特别是对行书、草书。在上大学之前,陈荣琚因为爱好书法,每当看到某个人写的字好看,就照着临摹,还常常临摹街上店铺招牌上的漂亮字。由于无人指点,学习方法也不对,结果一幅习作所写的字,有的像"王(羲之)"、有的像"颜(真卿)",陈荣琚后来笑说那时写的东西简直就是"大杂烩"。

拮据的家境迫使他从小就勤奋学习,成绩也一直在班上名列前茅。山里的孩子目标、理想不是那么高远,只是为了有朝一日能走出这个带给他很多痛苦经历的贫困之地,能凭自己的双手吃饱肚子。真正的努力与付出总会换来回报，1960年，陈荣琚以优异成绩考上中央戏剧学院美术系学习话剧、歌舞舞台设计专业。入学后绘画课学的是油画，对于油画陈荣琚在考前从未接触过，与班上大多数同学相比，他一开始学习状况异常艰辛，第一学期的专业设计和练习成绩仅达及格。经过半年的努力，到了第二学期他的各科成绩就追上了同班同学，名列前茅了。

后来他听说当时的中国戏曲学院美术系缺学生，在面向其他艺术院校的在校生招收新生的消息，当然，也在中央戏剧学院美术系同届生中招。当时的中国戏曲学院隶属中国戏曲艺术研究院，时任院长是著名的京剧大师梅兰芳先生，因为在一年级、二年级的教学中实施淘汰制的方式，需要从其他艺术院校的在校学生中招收新的学生，以补充淘汰后的生源空缺。招生简章中说，学生入学后不但有助学金而且学习用品费用全包，陈荣琚被吸引了，他毅然跑去申请参加考试，结果功夫不负有心人，他最终榜上有名，成了中国戏曲学院一名正式学员。这样，陈荣琚在中央戏剧学院只待了一年零十个月，等他离开戏剧学院的时候，总共拖欠的伙食费已经有二百多元了，这在当时是一个不小的数目，最后还是中国戏曲学院帮他支付了这笔不小的欠账。

在中国戏曲学院学习时，陈荣琚攻读戏曲舞台美术设计，而绘画学习便从油画转到了国画，平生第一次得到了著名书画家王遐举先生的引导，他开始逐步走上了"正路"。经过近三年的学习，1964年他毕业后即留校任教，后又被选派去上海戏剧学院进修绘景。1970年，作为"资产阶级修正主义路线"培养出来的"资产阶级知识分子"，陈荣琚被下放到昌平小汤山的"红艺五七干校"进行劳动锻炼，在实践中向工农兵学习，改造自己的思想。因为属于大学生参加劳动锻炼，所以在种水稻、砌猪圈等各种体力劳动之余，他还被允许有一定的空闲时间画画。"十年动乱"期间相继得到启功、郑诵先、张伯驹、王森然等名家的教诲，一直坚持刻苦练习书画，经过几十年的刻苦钻研、潜心学习，终于形成了自己独特的书法风格：结构严谨，内紧外拓，笔法多变，气势雄伟，且左右手运用自如。

陈荣琚除了在北京电影学院讲授绘画课和书法课，还受聘于北京师范大学、中央民族大学、中国人民大学、中国农业大学、北京冶金建筑设计研究总院、中共中央老干部原中顾委文律俱乐部（从1983年至现在）、中央统战部、解放军三总部等多所大学、部委讲授书法和绘画。1984年他应邀在中央电视台《书法系列讲座》中主讲了"颜""柳"书法特点。1987年应邀在国家教委主办的"全国书法教师讲习班"上主讲行草书法特点等，还独立写成了《书法教程》一书，参加以启功为主编的大中小学书法教材《书法概论》及其《参考资料》的撰稿和编辑。1988年，陈荣琚随中国文化代表团访问日本，两次应邀前往中国香港、澳门进行学术交流。

1994年，他还两次被评为北京市统战系统先进工作者，被中共中央办公厅老干部活动中心授予"书画荣誉教授奖"，被北京市高教局、北京市教育工会、北京电影学院联合授予"为人民教育事业辛勤工作三十年荣誉奖"，并荣获"电影教育特殊贡献奖"。2000年他编著出版了《汉字书法通解》一书，该书由启功策划，获得国家教委优秀教材奖。除了将自己毕生所学毫不吝啬地教予学生外，他还创作了大量书画作品，曾多次参加国内外大型书画展览，并多次被中国书法家协会聘为评审委员。1991年他在广东惠州市、河源市等地举办个人书画展览。1992年在中国台湾的台北和台南等地举办个人书法展览。1994年在北京举办个人书画展览，当时中国书协领导、专家、中顾委部分委员，其中副部级以上的老领导就有500多人出席了开幕式，启功教授、刘志坚老将军讲了话并剪彩。

陈老有作品被中南海、毛主席纪念堂等收藏，可见其艺术成就之高，可谓载誉一生。

陈建中（1939— ）

陈建中，1939年出生于广东龙川县通衢镇梅东村，1955年就读于广州美术学院附中和美院油画系，1962年移居香港，1969年赴法国巴黎定居至今，是著名的旅法油画画家。

1970年陈建中在巴黎国立美术学院深造，1974年成为首位获得法国文化部主办的"国家赞助第一次个展"评审比赛的亚洲画家。1980年代表画廊在瑞士巴塞尔的国际艺术博览会中举办个展，其作品在欧美广被收藏并获得传媒的好评，这使他很快成为20世纪70年代知名的写实主义的重要画家之一。80年代开始，他的创作题材由城市的局部微观构图转向大自然风景，陈建中坚信具象绘画是最经得起时间考验的造型艺术，他远离潮流，全神投入写实画中追求他的形而上境界。创作的同时他也接受国内艺术学院和艺术馆的邀请回国讲学和展览。1986年受聘为广州美术学院客座教授，1998年为广东画院海外特聘画家。2001年为鲁迅美院客座教授。陈建中的油画作品先后被收藏于巴黎现代艺术馆、巴黎国立图书馆、法国蓬托瓦斯市立美术馆、法国麦格特基金会艺术馆、法国奥弗涅现代艺术基金会和法国国家当代艺术基金会、日本电视放送株式会社、日本读卖新闻社、日本东京当代雕塑中心、香港艺术馆、中国广州美术学院、中国广东美术馆、关山月美术馆等艺术机构，陈建中成了西方人认识东方油画的一个标本。

1974年在成功举办画展后，陈建中跻身法国主流艺术家之列，每年展出活动不断，尤以1978年和1979年的"巴黎国际当代艺术博览会"中，法国读卖画廊连续两年推出的陈建中个展最为瞩目。艺术杂志《眼》在评论中写道："所有在大皇宫国际艺术博览会展出的当代画家中，年轻的中国画家陈建中无疑是最能激发起巴黎观众和外国画廊兴趣的一个。"1979年3月，陈建中迁入蒙玛特"洗衣船"画室，此画室是20世纪初毕加索的故居，以毕加索为核心，在这里聚集了一大群画家、诗人、作家，如亨利·卢梭（Henri Rousseau）、乔治·布拉克（Georges Braque）等，形成了当时著名的"洗衣船集团"，并创立了"立体派"，对现代画史产生巨大的影响。1979年法国政府重修"洗衣船"画室楼，共设24个画室，分配给新晋的巴黎画家。八九十年代中国画家赴欧考察艺术，多与陈建中联络，他的"洗衣船"画室自然成了中外画家的聚会点。

回顾近百年来的旅欧画家的艺术成就，不难发现，那些具有深厚艺术造诣的画家都是融合东方和西方、传统和现代的神韵，创造出自己独特的艺术个性。陈建中自小就与美术结缘，深受东方文化的熏陶，又长期生活于欧洲，形成了严谨而自由、沉静而典雅的东西方交融的风格。陈建中的画蕴含着宋代名画的哲理，继承了中国画的精髓，善于描绘人迹罕至的山水。他把周围的有限世界用现代语言演绎出来，那些关闭的百叶窗、陈年的木板、生锈的铁环大门、充满神秘的走廊和攀附着常春藤叶子的墙壁，在他的生花妙笔下都能达到极致。作为一名深受中西方绘画教育熏陶的旅法中国籍画家，陈建中是一个"中介者"，是置身于交界处的画家。在他的思想、情感和艺术中，东方与西方，传统与现代，油画与国画，绘画与诗歌，彼此碰撞，互相交融。陈建中的艺术成就与人类优良的文化传统有千丝万缕的联系，和古今中外的艺术有诸多契合点，他的艺术作品是一个自我圆满的世界，一个包含强烈现代价值和人文意义的世界，陈建中借此被认为是具有全球视野和人类文化张力的艺术家。

陈建中的风景画中没有美景与胜景，大多是被遗忘的角落，普通到常常被我们所忽视，然而这些场景在他的笔下熠熠生辉、焕发生机，显示出超凡脱俗的品质。陈建中躬耕于画坛几十年，成绩斐然，自成一家。"具有心灵的意义，让我们从光怪陆离的现实世界离开，回归到生活最朴素、最单纯的层面"，冯骥才曾如此赞誉道。

尽管定居国外，但桑梓之情浓烈，2012年10月，陈建中回家乡龙川探亲访友，并在龙川一中学术报告厅举行艺术讲座。县书画协会会员、美术老师及美术爱好者等100多人聆听了报告，近距离地接受这位旅法知名画家的教诲。

钟阳胜（1948— ）

钟阳胜，男，1948年8月出生，广东龙川县麻布岗人，经济学博士，教授，博士生导师。1966届龙川一中高中毕业，1968年9月参加工作，在广东省龙川县任小学附设中学教师、生产队长、大队党支部书记。1970年，在广东师范学院政治系学习；1973年毕业后任广东师范学院政治系教师、党支部书记。1978年考取中国社会科学院研究生院哲学系历史唯物主义专业在职攻读硕士研究生，获硕士学位。1981年毕业后留校任中国社会科学院哲学研究所研究人员。1998年获暨南大学产业经济学博士学位。1982—1986年在广东省委政策研究室工作，1986年任省委政策研究室副主任，1989年任河源市委副书记、代市长，1990年任河源市委副书记、市长，1991年任省委政策研究室主任，1993年任省委副秘书长，1997年任江门市委书记，2000年任省委宣传部部长、省委常委，2003年6月后任广东省委常委，常务副省长。2008年1月24日任广东省第十一届人大常委会副主任。2012年1月15日广东省第十一届人民代表大会第五次会议第二次全体会议通过，广东省十一届人民代表大会第五次会议决定：接受钟阳胜辞去广东省第十一届人民代表大会常务委员会副主任职务的请求。2013年1月当选广东保健协会会长。

他的主要著作有：《追赶型经济增长理论》（广东省高等教育出

版社、中共中央党校出版社）、《追赶经济增长中的产业建设》（人民出版社，1999年）、《科学生产力效应理论导论》（广州科普出版社）、《科学在社会发展中的地位和作用》（湖南人民出版社）等，主要研究方向是工业化与追赶型发展战略。

主要研究成果在《新华文献》、《中国工业经济》、《管理世界》、《人民日报》（理论版）上发表重要论文。《追赶型经济增长理论：一种组织经济增长的新思路》从1995年至2006年连续6次再版，发行56000多册，相继被评为"全国十佳经济读物""人文社科优秀原创著作"，被认为是"一部在理论上有重大突破与创新的经济著作"，是"在开放条件下组织经济增长的新理论"，"中国特色经济增长理论的代表之作"，并于2009年由美洲大学出版公司译成英文出版，面向全球英语国家发行。

纵观钟阳胜走过的人生岁月，不免让人嗟叹，他总能在人生的关键时刻做出重要、正确的决定。他中学毕业后在老家当民办老师、大队党支部书记，工作认真出色，因此很得领导的赏识，当时，县武装部让他去当新闻干事，公社书记说：你有两个选择，一就是去上大学，二是去县武装部当新闻干事，两个机会他选择了上大学。这在当时来说确实需要勇气。钟阳胜是"文化大革命"后的第一批工农兵大学毕业生，大学使他站在了一个新的人生起点上。第二次人生转折点是报考了中国社会科学院研究生院，那时他已经有了较好就业机会，但他毅然在首次恢复招收研究生时选择进一步提高自己的知识层次与理论水平。在读研究生期间，钟阳胜阅读了大量的马列著作和其他哲学经典著作，形成了系统的哲学思维方式，他认为这把他推上了人生的制高点，而此时形成的哲学思维方式使他受益终身。研究生毕业后留在北京的机会很多，但他考虑到孩子很小，夫妻两地分居，年迈的父母在农村，而当时正值中央决定在广东省试办特区，进行改革开放综合试验，这对于年轻人来说，意味着机遇与挑战同在，于是经过反复思考他决定回广州，将自己所学贡献于自己家乡。

钟阳胜回到广东后一直工作在第一线，主政过河源、江门，担任过省委常委、宣传部长，常务副省长，跑遍了广东的山山水水，为家乡人民谋福祉，取得了不错的工作业绩，为群众所拥戴。一方面他工作在最前沿，有着最为直接的实践经验，另一方面他不断地进行着理论探索，他的理论研究成果与取得的成就不亚于一些专门从事理论研究的专业人员。

钟阳胜追求真理，淡泊名利，身居高位却始终拥有一颗平常心，退休后的他想必在学术上定会有更高的建树。

吴惠权 （1956— ）

吴惠权，香港福新国际集团董事长，1956年出生于广东省龙川县新田镇，1979年移居香港，现任广东省政协委员、河源市政协常委、香港广东社团总会副主席、香港崇正会会长、香港河源社团总会主席；2001年被河源市政府授予"荣誉市民"称号，2007年被评为"粤港澳投资风云人物"和"南粤慈善之星"，2009年荣获第十一届"世界杰出华人奖"。

吴惠权出生于龙川县新田镇一个贫穷的农民家庭，兄弟姐妹共有8个，父母亲都是地道老实的农民，曾经过着日出而耕、日落而息的生活。因为贫穷，上完双柳小学后初中还没毕业就辍学务农的吴惠权和姐弟们在田里放鸭养鸡、种田、砍柴、开荒等，每一样农活都干得非常漂亮，从而过早地过起了面对黄土背朝天的生活。然而正是家徒四壁，生活极其艰难，使少年时的吴惠权比一般的孩子更加勤劳、善良和朴实。1979年1月8日，二十出头的他通过亲属关系踏上谋生的道路，来到香港这片热土。最初他在名叫美成的毛织厂做工，他一接触到毛织业便对这个行业产生了浓厚的兴趣，工作之余还时刻留意毛织工序，偷偷学习毛衫制作技术，越做越有劲头。为了多方面锻炼自己，1979年年底，吴惠权又转到香港义昌织造厂，在这里吴惠权在毛衫织造技术方面积累了一定的经验。很快，吴惠权凭借其过硬的实践经验、严密的工厂管理思路，顺利地通过了利士织造厂的面试，并被聘任为该厂厂长，这为他后来从事管理工作奠定了基础，同时也积累了相当的人脉。

1983年5月，有两位老板准备在香港开办一家新的毛衫厂——福新织造有限公司，但拥有雄厚资金的他们却不懂毛衫技术，急需寻找一个懂业务、善于管理、技术精湛的人来担任厂长。吴惠权很快就接到了两位老板的邀请，面对福新毛织厂厂长这一职务，尽管月薪不如从前，但他果断选择了福新，他相信，在新环境里做厂长更有作为，更有发展空间。吴惠权在福新这个新环境如鱼得水，做起事来得心应手。在他的精心管理下，福新毛织厂第二年就开始盈利。1984年12月9日，中英两国正式签署《联合声明》，表明香港将于1997年7月1日回归祖国。香港商人纷纷变卖工厂、商铺，移民国外，福新毛织厂的老板也随大流，准备关闭工厂。吴惠权把握机遇先后购下福新毛织厂的全部股份，从打工仔晋升为老板，开始在创业之路上大展宏图。此后他怀揣"立足香港、辐射内地，走向世界"的理念，进行大规模低成本扩张，1989—1998年间，先后在国内增城、惠阳、清远及澳大利亚、英国投资兴建毛织厂及相关行业的配套设施，建立起一个庞大的国际毛织集团，产品畅销世界各地，顿时成为纺织界一颗冉冉升起的新星。

吴惠权先生致富思源，抱着回报桑梓的情怀，从1992年开始将辛苦赚来的钱大笔大笔地投入到家乡公益事业上，先后为双柳小学权城教学大楼、吴达开福利院、车田大崟小学、河源市体育馆、吴达开残疾人康复中心、河职院、龙川一中新校、河源市美术馆、河源"6·20"水灾、河源市人民医院新院、龙川县人民医院新院、龙川体育公园、四川汶川地震灾区等慷慨解囊、积极捐款。据不完全统计，至目前为止，他已为社会公益事业捐款超过1亿元。2003年，他又做出了一项决定,以后凡河源学子考入清华、北大和中国科技大学的优秀学子,不论贫富,不论人数多少,每人奖励1万元;对所在学校,按考取人数,一名奖励1万元;每年扶持五名贫困学子上大学,直至毕业。单奖学金,他的赞助至今就高达200多万元。为支持河源招商引资工作,他于2002年毅然投资6亿港元在市区兴建一个规模宏大的福新工业园,全部建成投产后可解决2万人就业,桑梓之情可见一斑。

从打工仔到管理者,再到知名企业家、慈善家,吴惠权实现人生的一次次飞跃,对于吴惠权,香港媒体是这样评价的:"凭其努力不懈的态度、坚守诚信的德行,于别人眼中逐渐式微的纺织业拼出一条出路。""商场上站稳了脚,不忘公益事业,捐赠资金逾亿,并肩负推动故乡发展的重任,成为新一代杰出华人。"

钟秀娥（1974— ）

钟秀娥，女，1974年1月19日出生于广东省河源市龙川县。她毕业于北京体育大学重竞技摔跤专业，是20世纪90年代前期广东省摔跤队队员、国家女子摔跤集训队44公斤级选手，世界冠军、国际级运动健将。她于1991年进入国家女子摔跤队，1999年正式退役。现任广东省女子摔跤队主教练、兼国家女队助理教练，广东省第九和第十届政协委员。2008年5月9日，在广东惠州进行了北京奥运会火炬接力传递活动，钟秀娥成为第207棒火炬传递手。

钟秀娥运动生涯硕果累累：1992年在第四届世界女子摔跤锦标赛上摘取47公斤级冠军；1993年在第五届世锦赛上再次把44公斤级的金牌收入囊中，开创一代最轻量级女摔霸业；1996年，夺得世界女子自由式摔跤锦标赛46公斤级冠军；1997年，获得第10届世界女子自由式摔跤锦标赛女子46公斤级冠军。1999年，钟秀娥退役，任广东省女子摔跤队主教练兼任国家女子摔跤队助理教练，以培养新人为主。2002年5月，增加备战亚运会参赛的任务，她亦教亦练，用五个月恢复训练，以最后一搏的毅力克服诸多困难。那年10月在釜山第14届亚运会上，已28岁的她，仍力拼各国强将，最终夺取48公斤级冠军，续写辉煌。

钟秀娥自小就显示出较好的运动天赋，幼年时代与外祖父一家居住在龙川，打小跟随外祖父纵贯于山林之间，练就了较好的身体底子。这一点被钟秀娥的体育老师发现了，因此在体育老师的强烈建议下，1987年她考入新创办的惠州市体育运动学校，她曾回忆说："我从小跟着喜欢打猎的外公，过着野外生活，经常跑来跑去，所以身体素质不错，因此被当时的体育老师钟日增看中。"15岁以前她练的是田径项目，1988年被广东省体校选中，开始改练摔跤。经过三年苦练，她被国家女子摔跤队教练相中，于1991年被选入国家女子摔跤队，师从许奎元教练麾下，并转入北京体育大学学习。同年，18岁的她在第三届世界女子摔跤锦标赛上，敢于拼搏，技压群芳，夺取了44公斤级冠军。这是中国运动员获得的第一个摔跤世界冠军，创造了历史。当时她是在左小指开放性骨折的情况下，夺得44公斤级世锦赛摔跤冠军的。当从场上下来后，许奎元教练发现她手指露出白骨，鲜血直流，不由感叹："一上跤场便玩命，逮谁摔谁，我这辈子恐怕难得再找到具有这种气质和天赋的运动员了。"她凌厉骁勇的摔跤风格给很多人留下了深刻的印象，也因此荣获当届世锦赛"最佳技术奖"和"最佳敢斗奖"两项赛会奖，而当时总共只颁有三个奖项，钟秀娥就收纳两项，其精湛技术及奋勇拼搏的精神可见一斑。

随后她不停地活跃在女子摔跤的舞台上并获得了一连串沉甸甸的奖杯，于1999年正式退役，至此走上了培育新生力量之路，就任广东省女子摔跤队主教练、兼国家女子摔跤队助理教练。执教多年以来，她培养出不少弟子，在全国摔跤比赛当中夺得了20多项次冠军。其中苏丽慧夺得2003年亚洲冠军和2005年世界锦标赛55公斤级亚军，黎笑媚夺得了2006年多哈亚运会女子48公斤级铜牌。李绘在2004年第28届雅典奥运会48公斤级比赛中夺取第九名。然而最让她感到遗憾的是自己未能站在奥运会的舞台上，为国争光。她始终认为奥运会应该是一个运动员人生的顶峰，在自己的巅峰时期未能出战奥运赛场拿个奥运冠军未免让她感到有些遗憾。一直以来奥运会都没有设置女子摔跤项目，直到2004年雅典奥运会才首次将女子自由式摔跤列入奥运比赛项目，而此时钟秀娥已经退役且过了参赛的黄金年龄。然而钟秀娥仍然发扬她拼搏上进的精神，将自己未圆的奥运梦转移到退役后的教员事业上。尽管2004年那一届奥运会由她带队出征的队员只得了第九名，终究未了她的奥运冠军梦，但至今钟秀娥仍活跃在广东乃至国家女子摔跤队中，用自己的精湛技艺与一腔热血，为那个未圆的奥运梦而奉献、努力着，相信在不久的将来，钟秀娥麾下的弟子定能勇夺奥运冠军，为师圆梦。

龙 川 名 人

LONGCHUAN MINGREN

英烈篇

引 言

　　大家或许会诧异，为何我们在"名人篇"之后，专门设有这么一个"英烈篇"，而且篇幅还更长一些。

　　列入"英烈篇"中的人物，不少人并不为大家熟知，甚至有的英烈都没有留下自己的名字，如坚守茶活炮楼的十八烈士，我们就没能一一说出他们的名字。

　　然而，正是他们，用鲜血滋润了这片红色的土地。

　　没有他们，就没有红色的龙川。

　　没有他们，龙川何以彪炳史册？

　　龙川，是广东较早列入"中央苏区县"名单之中的县城，它与大埔、南雄、饶平等，成为当年中央苏维埃共和国的南部屏障，毛泽东、周恩来等红色领袖，都曾在这里留下过自己的足迹。而曾任中央秘书长的古柏，更把生命献给了龙川。

　　诚然，英烈中不尽然是古柏这样如雷贯耳的人物，更有许多同样舍生取义却默默无闻的年轻的红军战士，他们中有的人在牺牲时仅仅20岁……正是因为他们壮烈捐躯，我们才看到中华人民共和国的曙光。

龙川的英烈史不只追溯到中央苏区（即土地革命时期），我们还可以跟随历史的足迹，一直来到推翻千年帝制的辛亥革命。众所周知，孙中山发动反抗封建专制的民主革命，就是在广东打响的第一枪。而这场革命，龙川人同样不曾缺席。

这是龙川人的骄傲。

我们民族的正气，在这里同样沛然于天地之间。

多难兴邦，让我们铭刻这些有名或无名的英烈，继承他们未竟的事业，为民族的复兴，前仆后继，永不言败！

壮哉，龙川英烈！

黄超凡（1900—1926）

1900年出生于龙川黄布欧江金鱼村。

1910年到私塾念书。

1915年毕业于通衢新民高小。

1917年加入孙中山"护法军。"

1920年编入宪兵部队。

1922年拒绝执行陈炯明镇压工人罢工运动，而解甲归田。

1924年6月，前往广州农讲所学习，为首届学员。

1924年9月，返乡发动群众组织农民协会，10月加入中国共产党。

1924年12月，奉命返回广州，因病未能参加东征，病愈后再次参加农讲所第三期学习。

1925年3月，奉命前往海丰县，开展农运活动。

1925年4月，被委任为中央农民部特派员，奔赴惠阳开展农民运动。

1925年11月，参与筹备当时惠阳县农民协会第一次代表大会。

1926年7月15日，凌晨四时被捕，随后被陈炯明余部残忍杀害，年仅26岁。

　　十四行，短短的十四行字，却是黄超凡的一生，二十六岁，多好的年华，我们只能说：有的人活得很短暂，但生命的长度却是无限的，黄超凡把短暂的一生献给了无产阶级革命运动的伟大事业，他创建的塘耙屋农会是龙川第一个农会组织，开启了当地农民运动的先河。

黄超凡，1900年出生于龙川县金鱼村的普通家庭，父亲很早就离开人世，兄弟四人由母亲抚养，生活异常艰辛，可谓是饥一顿饱一顿。尽管家里度日维艰，但客家耕读传家的思想已深入母亲的思想，作为兄长的他于1910年春被送往村中私塾念书，期间仍常常为母亲分担家务，但成绩却依然优异。至1915年，他顺利从通衢新民高小毕业，因家庭实在无法维持他继续升学的开支，他不得不辍学在家帮母亲养家，以挑担度日。自小丧父，在母亲辛勤劳作之下成长的他，过早地经历了社会的黑暗与世道的炎凉，艰辛的岁月磨炼了超凡，使其从小树立了为穷苦人民做主，立志救国救民的思想，他身上彰显出来的不畏艰难、积极上进的韧劲确实超出凡人。

1917年，他离开家乡南下广州，于这年冬天加入孙中山的"护法军"，被编入邑绅张化如部当列兵。第二年即1918年跟随部队支援闽西，在作战中极为英勇，加上他读过几年书，很快就被提升到连部当文书。1920年8月，粤军总司令陈炯明打着"粤人治粤""实行民主政治"的旗号，从闽挥师入粤，借此驱除桂系军阀势力。驻地龙川县老隆镇，黄超凡认为这是年轻人建功立业、为国家做贡献的大好时机，便返乡动员二弟黄昭明参加粤军。随后，粤军进行整编，二弟被编入孙中山的卫队，黄超凡也被编入宪兵部队，兄弟二人严于律己、认真执勤，曾多次受到上级表扬。然而不久，黄超凡便发现这支部队，并不是自己当初认为的能给穷苦人民谋福利的部队，相反随着中国共产党的诞生，广州的工人运动迅速发展，1922年一些行业因为劳资纠纷，引起了范围较大的工人罢工运动，陈炯明部非但不为工人群体伸张正义，还认为工人罢工妨碍了社会的秩序，并且命令士兵严查，出兵镇压工人运动，黄超凡对此十分抵触，甚至拒绝执行上级命令，而后他气愤地离开陈部，打算回家乡另谋其他道路。

1924年春，孙中山改组国民党，确立了"联俄、联共、扶助农工"三大政策。在家乡的黄超凡听闻这一消息，便立即前往广州，于6月经同乡黄觉群的介绍，成为广州农讲所的首届学员。9月学业结束后，黄超凡受组织的派遣，派回家乡龙川开展农工运动，发动群众，组织农民协会。因国民党右派势力多方阻挠，未能建立县农民协会，只在欧江发动四户农民组织了龙川第一个农会——塘耙屋农会，由黄超凡出任会长。尽管该会规模小，但其意义却是重大的，应该得到肯定，因为这是龙川第一个农会组织，开启了农民运动的先河，为接下来龙川工农运动的兴起起到了非常关键的作用，同时也给当时当地的农民带来了鼓舞和希望。在农讲所毕业后他还担任过广州工团军分队长，这支由八十余人组成的分队成员基本上是龙川籍的手车、茶楼、石行工人，他们革命热情很高，曾经在黄超凡的领导下平定广州商团的叛乱。正是在实际工作中，黄超凡展现出了一个合格共产党员的工作魄力与能力，在农讲所毕业后不久，年轻的中国共产党党组织接受了这位热情的年轻人。

　　1924年12月中旬，黄超凡接到上级命令即刻返回广州，原定随军东征，然而天未遂人愿，此刻的他突然病倒，因入医院治疗而未随军出发东征。尽管他人在医院，但还是积极地通过报纸杂志及老乡友人获取革命的消息，一刻也不愿耽搁，病未痊愈的他便又来到广州农民运动讲习所，开始了他二入讲习所的时光，也正因为他这样的独特经历，至今地处广州的农民运动讲习所革命旧址中还保存有他的记录。这是超凡第二次参加农讲所的学习，有革命经历及革命意识的他更加珍惜这宝贵的学习时光，他如饥似渴地汲取着以往未完全掌握的知识，因为他知道，这些知识对未来的工作非常有用，最为重要的是这是真真正正为农民服务的。他为人谦虚、不耻下问，待人也十分热情与诚实，和同学、教员都相处融洽。1925年3月东征军进攻海丰县，上级为配合东征军讨逆作战，需调遣一批精干学员前往海丰地区开展宣传工作，考虑到广州农民讲习所学员进行过专业学习，便从中选调学员组织宣传队。黄超凡获得组织信任奉命率领农讲所第三期十名学员开赴海丰县，开展宣传工作，并得到上级指示在此建立和巩固农会、农军组织，广泛发动群众清匪反霸，筹集军粮，组织担架队，动员吸纳当地妇女支援东征军。短短一个多月，宣传队在黄超凡的带领下取得了不小成绩。随后因为他出色的工作能力，被组织任命为中央农民部特派员，带领其中三位成员奔赴惠阳地区开展宣传工作。他们一行人到达惠阳后，被分派到平山、淡水、白芒花等区，配合何聪发动农民组织区农会，不久在大家的积极努力和群众的积极配合下，平山、淡水、白芒花三个区的农民协会顺利组建起来，并发展了数以千计的农协会员。与此同时，超凡还积极吸纳优秀人士加入党组织，先后为党组织发展了戴云昭、戴云芳等一批先进分子。

桂系军阀刘震寰和滇系军阀杨希闵在蛰伏不久后于1925年5月发动叛乱，企图通过军事来颠覆广州革命政府。为平定叛乱，东征军只好撤离东江，挥师回广州。平山、淡水等地的土豪劣绅，见东征军离开便与惠州军阀胡谦互相勾结，大肆反攻，施行掠夺，打击农运，并企图窃取农运所取得的成果。黄超凡一方面稳定民众，一方面组织农军反击敌人的猖狂进攻，收缴枪械，惩办土劣。并组织民众到处张贴"打倒帝国主义""打倒军阀""打倒土豪劣绅""实行减租减息""一切权力归农会"的标语，号召群众与土豪劣绅做斗争，成功打击了敌人的嚣张气焰。与此同时，农会发布各种法令，惩办贪官污吏，肃清一切反革命分子，宣布取消苛捐杂税，农民纷纷起来与封建地主进行斗争，实行减租减息，使斗争趋向高潮，应该肯定地说，黄超凡的出色领导功不可没。

在相关人士的组织下，6月19日爆发省港大罢工，香港当局以紧急戒严和封锁消息对付罢工。黄超凡接上级指示全面支援省港大罢工，他迅速做出决定召开了农会、农军领导人的会议，布置支援省港罢工相关工作。随后组织农军、纠察队，加强巡逻，严密封锁水、陆交通，切断与香港的一切来往。一些不法商人为牟取暴利仍强行走私，黄超凡对走私奸商一律依照省港罢工委员会封锁条例严肃处理，没收其所有商品货物。一些不法分子为达到通行目的，不惜重金行贿，招致黄超凡的断然拒绝及严词斥责，这些人怀恨在心企图报复，扬言加害，超凡泰然处之，斩钉截铁地说："革命不怕死，怕死不革命"。不仅如此，在省港大罢工期间，他还组织民众，通过各种渠道支援大罢工，广大民众及各级进步人士成了省港大罢工的坚强后盾。

1925年10月，国民革命军进行第二次东征，讨伐军阀陈炯明部。东征军于10月14日攻克惠州，22日占领海丰，11月4日收复潮汕，取得第二次东征彻底胜利。随着第二次东征的胜利，当时惠阳县各地的农民运动也蓬勃兴起。超凡在淡水一带开展农民运动也取得显著成效，得到东征军总政治部主任周恩来的表扬。为巩固加强惠阳农民运动的领导工作，周恩来指示随军东征的干部黄克留在惠阳与黄超凡一起领导平山、淡水等地的农民运动。

11月中旬，在阮啸仙的主持下，筹备召开惠阳县农民协会第一次代表大会。超凡参与大会的筹备工作。16日，代表大会正式召开，淡水区农民协会选出代表二十人组成的代表团，由超凡带领参加大会。大会期间，代表们探悉曾在平山、淡水一带破坏农会、残害农民的军阀杨坤如的爪牙李集、杨灼生两人乘机窜至惠州活动，包揽苛捐。超凡和戴云昭即向代表大会建议，呈请惠阳县长将其拘拿归案。各地农民和惠州市民无不称快。与此同时，超凡和戴云昭还发动代表揭发了曾以卑劣手段窃据淡水区农民协会副委员长职务的曾宪文勾结奸商，受贿包运仇货的可耻行为，并呈报县农民协会代表大会通过开除其会籍及停止其一切职务。从而打击了反革命分子的嚣张气焰，纯洁了农会组织，加强了农会纪律，农民协会的威信也大大提高。

1926年黄超凡组织农军配合省港罢工委员会纠察队，派驻淡水的纠察队在淡水南门处截获一批偷运香港的走私货物，逮捕了走私犯严信、严师两人，关押在淡水管署内审讯。与严信、严师早有勾结的军阀陈炯明余孽罗坤部下的团副兼营长罗志彪，唆使土豪劣绅到纠察队驻淡水办事处寻衅，要黄超凡、聂平无条件放人，遭到超凡、聂平的坚决拒绝。7月15日凌晨四时，罗志彪纠集土匪、地方反动商团武装共二百余人，包围了纠察队驻淡水办事处，抓了纠察队十余名队员，聂平等被杀害，黄超凡亦被捕入狱。

黄超凡被捕后，与敌人进行了针锋相对的斗争，痛斥奸商及反革命分子的可鄙行径。陈炯明余孽罗坤穷凶极恶，将超凡杀害。他光荣牺牲后，淡水区工农群众无比悲愤，为他举行了追悼大会，悼念这位为了农友翻身解放而不息战斗的无产阶级先锋战士。

（资料来源：龙川县委、龙川县人民政府1991年出版的《龙川英烈》）

黄 克（1905—1928）

1905年，出生于龙川县佗城镇四甲村。

1922年，投身革命，从事青年运动。

1924年，被选送到广州农民运动讲习所，并加入中国共产党。

1927年，广州起义失败后回到家乡，任中共龙川特支书记，组织武装暴动。

1928年4月21日，在龙川县城（佗城）遭国民党反动派杀害。

生命的意义不在于它的长度，而在于它的深度。人，各异；活法，亦各异。24岁，正值最美年华，可学业有成，可娇妻在旁，可名利双收，但有那么些人，却把其短暂的一生献给了伟大的无产阶级革命事业。黄克，用其生命的深度，用为革命事业献身的活法，诠释着"人固有一死，或重于泰山"的含义。

黄克，又名黄新发，龙川佗城四甲的上印村人，早年投身革命，从事青年运动，是大革命时期广州农讲所第二届毕业学员、国民党中央农民部农运特派员，曾任中共龙川特别支部书记，1928年4月21日在龙川县城（佗城）遭国民党反动派杀害。

1928年1月，细雨霏霏的九寒天，一个身材高大、鼻梁上架着深度近视眼镜的青年，行走在由佗城通往四甲的崎岖山道上，他就是黄克。高小毕业后，为在广州"宣讲员养成所"供职的族叔黄觉群之荐，来穗准备报考该所，因"宣讲员养成所"停办了，于是黄克改在广州学习绘画和摄影。1924年8月，他考入广州农民运动讲习所（第二届），在此期间加入中国共产党。毕业后，任国民党中央农民部农运特派员。曾先后派往当时的花县、清远、广宁、仁化、惠田等地开展农运工作。1927年12月，自参加广州起义失败后，撤至花县农村隐蔽。为反击国民党右派的进攻，配合东江大暴动，黄克受中共广东省委派遣，几经周折回到家乡，任中共龙川特支书记，组织武装暴动。

黄克回到家乡后，当即组织上、中、下印各村及坪田等地农民迅速恢复和加强农会组织。他在乡间开展工作，由于人地两熟，其工作起来得心应手。当时，他受广东农民协会领导人阮啸仙的派遣，与北江农运特派员卢克军一起赶赴仁化县筹建区、乡农协会。一天他来到董塘农村，向农民宣传建立农会。由于人地生疏，且不谙当地口音，加上戴着深度近视眼镜，一时间与当地农民交往起来很困难。一次他在走家串户时发现有个青年操客家口音，便与他搭讪起来，得知他是客家人，叫廖汉忠，黄克与其结为好友，建立了董塘宣传点。自此以后，通过廖汉忠又串联了进步青年蔡卓文、黄梅村等筹建农会，宣传"二五"减租。以董塘为据点，通过深入宣传，很快建立了仁安、亨联、田庄等乡村农会，农运浪潮不断高涨，声势浩大，为仁化县农协的建立起了巨大的推动作用。

当时，他每天起早摸黑，走家串户，给父老乡亲大力宣传"二五"减租，反对地主大斗收租，一定要实行公斗公称。以深入浅出、通俗易懂的语言为乡亲们讲清打土豪劣绅、除贪官污吏的重要意义。为增强宣传效果，他把以前别地开展农运的方法与体会灵活地加以应用和推广。如把当时的流行歌曲《打倒军阀》谱上自编的歌词教农会会员唱，又自编了一些通俗民谣，被群众广为传诵："贪官凶，污吏恶，地主又剥削，农民冇安乐。""要做主，要翻身，不分族和姓，农民团结紧。"这些便是一例。乡亲们说："发崽（黄克的乳名）在省城见多识广，讲得句句在理。"有的群众说："有阿发领头，暴动成功不用愁。"经过一个多月的深入宣传发动工作，佗城、四甲等地工农群众重新组织了起来。黄克便因势利导，与中共龙川特支成员商议后，决定成立龙川县革命委员会。1928年2月四甲上印寨竖起"犁头旗"，锣鼓喧天，各路农军率先抵寨，尽管武器不甚精良，但精神抖擞，士气高昂。10时许，黄克出现在主席台前，宣布龙川县革命委员会成立！经会前商讨，一致推举黄克、黄觉群、陈济平、叶卓、杨复生等人为委员，黄克担任革委主任。同时，将各乡农民自卫军合编为"东江工农革命军"，由黄克兼任总指挥。当天晚上，黄克在上印主持召开了"革命扩大会"，专门研究武装暴动问题，并对进军目标问题进行了激烈的争论。

黄自强率先提出，先打老隆后攻鹤市，但黄克主张先打鹤市。黄自强等人认为，鹤市地区官僚地主较多，反功势力较大，担心难以攻下，而老隆是东江重镇，拿下它政治影响大。黄克在会上多次指出，鹤市地区反动势力的确较大，但那里拥有雄厚的经济基础，农潮之烈居龙川之冠，且毗邻农运基础甚好的五华，必要时可得到支援，攻下鹤市还可与四甲连成一片，进而实现五（华）兴（宁）龙（川）边境武装割据。经过激烈的讨论，最后决定先打鹤市。

确定目标后，大家着手进行进一步的行动部署、进军路线、策应与防御力量等一系列具体问题。同时，决定争取收编龙川、河源占境的"绿林军"以增强军队力量。会后，黄克安排钟彪寅赶回，负责联系东山、田心屯、欧汇、雅寄和五华大田等地农革。3月7日黄克和黄自强等人先后入山来到"绿林军"邹铁强（邹亚伴）黄亚癫部。该两部常以"劫富济贫"的行动而使国民党当局深感不安。黄亚癫的部下以为是国民党派来劝降的，不由分说地将黄克等五人绑起来。亚癫认出黄克后松绑致歉说：上印成立革委会，兄弟我表示祝贺，不过，往后彼此井水不犯河水。经黄克两人主动与他协商，动之以情晓之以理，经再三说服教育和诱导，激发了他们的阶级感情，使之由同情革命到接受工农革命军收编。为利用他们较精良的武器和骁勇的作战力量，黄克等任命黄亚癫为进军鹤市的副总指挥。

3月9日，黄克在四甲主持组织了一场进军的总操练和演习，黄亚癫负责具体指导工作。演习后，工农革命军的士气更加旺盛。3月9日傍晚，400余名工农军赶往四甲的东坑新围坪王屋背集合。县革委成员黄自强、陈济平等赶到，其他成员黄觉群、杨复生、钟彪等已在鹤市接应。黄克在禾坪高墩上宣告，"今晚出发进军鹤市，拂晓时抵连坑尾、河布岭一带埋伏，明天黎明攻打鹤市。"接着再次进行战地动员和纪律教育，特叮嘱原"绿林军"人员要统一行动听指挥。队伍沿着弯曲小径向鹤市方向进发。

拂晓前队伍抵达连坑尾，俯视山下那间大围龙屋，是地主武装的据点，屋内有点点星火，敌人似有所提防。黄克悄声传令就地隐蔽。黄亚癫有点按捺不住了，率30多人的五响花枪冲下山去担任正面主攻，借着河堤护身速迁回到鹤市桥头。黄克指挥后续队伍赶到指定地点，顿时，枪声、号声、喊杀声四起，惊醒了街内敌人。有些人在慌乱中逃跑了，有些区警署人员则从街尾的下角过河企图抢占对岸河堤以侧击工农军。黄克全力指挥掩护部队向河心猛烈射击。此后，黄克来到桥头与亚癫商量，挑选一批优秀射手专门瞄准对岸炮楼的枪眼处猛射，以压住对方火力。趁这一刹那间主攻队伍猛冲过桥，斩栅进街。当黄克等赶到警察所时，内已空无一人，在厅内留下2支来不及带走的长枪成为工农军的战利品。

9时左右，附近农民赶到街内来，有个农友李子廷主动从黄克手中接过"东江工农革命军"布告,四处张贴。黄克站在街头一角演讲,号召"工农团结起来,打倒国民党,消灭剥削"。同时宣布没收"黄永兴""祥盛""南合晋""新昌展"四家商贾货物,搬出街心,分给农民。正当此时,黄克接叶卓、黄觉群等前来接应的农军受挫消息,深感孤军深入无援,速传令撤出,往陂厂方向撤退。刚出街口就遭张月舫等策动的地主武装和县警大队的包围,经半天激战才突出重围返回四甲。在指挥突围战斗中,黄克不慎把眼镜打碎了,给工作带来不便。事后得知,各地农军策应受挫,主要是由于钟彪星夜回鹤市传达暴动决定,行经欧江被当地巡夜的地主武装护富团截获,并惨遭杀害,致使敌人有所戒备并失去联络各地农军统一行动的机会。

敌人是不甘心失败的。从3月下旬起,龙川县警队纠集五华、河源边境地主武装2000多人,分兵五路对四甲苏区实行大围剿,并扬言:"四甲要换过人种!"对此,黄克已有所部署,在上印寨召开的紧急军事会议上,研究了敌人各种可能的进剿路线,从而部署了反围剿的具体措施。3月24日龙川县警队长黄舫彪率队四路进犯叶布,登上维新寨。黄克调集上印农军赶来配合把敌人围紧,发起冲锋。县警队见各路援军未到,士气大减,此时忽见山背上印村火光冲天,浓烟滚滚,蓦地交通员赶来向黄克报告,说罗坑、兰畲一线失守。因原"绿林军"邹铁强部有意放河源之敌长驱直入上印,肆意烧杀掳掠,顿时上印成了一片火海。农军见家园失火,无心恋战,倒遭县警队来个反扑,其余各地联军闻讯亦相继撤退,四甲反围剿遭敌镇压下去。

进军鹤市与四甲反围剿的失利,黄克未失去胜利的信心。为保存力量以图再举,他在县革委委员会议上提出,决定往紫金县向中共东江特委领导刘琴西请求指示。为安全起见,会议决定派黄德初同往,并派两名"警卫"做向导。黄克等四人从上印出发,当晚抵达河源蓝口。为安全起见,不到圩内客栈投宿,而到蓝口坳福音堂(乐育小学）过夜，因校长古旭光原是黄克的启蒙教师。翌晨他们进入乐村。只见前面两名"向导"加快步伐，行至乐村的上村时，眼看那两人已走到一拐弯处，倏忽便无影无踪。其实这两人是急促赶来向地主张香谷等人通报黄克已到，要将其擒拿。忽然，后面追来十多人，敌众我寡，黄克等两人终落入敌手。

  黄克被逮捕的消息瞬间传开，县革委会成员黄自强、陈济平等专门研究设法营救，但两次行动均因种种原因而未成功。4月5日，龙川县警大队来到四甲叶布村，办理所谓"善后"事宜。张香谷等亦抵叶布，将黄克、黄德初交龙川县警队，押解县城监狱。狱中，黄克虽受尽折磨，始终坚贞不渝。一次龙川县参议长在审讯中曾皮笑肉不笑地说，"新发老侄，你聪敏过人，只要你不搞共产，与叔公合作，包你前途无量。"黄克怒不可遏，"宁可杀头，也不放弃共产主义信仰"。敌人无计可施，最终便下了毒手。

  4月21日，黄克、黄德初被秘密地押到佗城荒郊，均惨遭杀害。年仅24岁的黄克就这样为革命事业奉献了极其短暂的一生。

  （资料来源：龙川县委、龙川县人民政府1991年出版的《龙川英烈》）

黄居仁（1904—1928）

1904年2月13日，出生于广东龙川铁场洋贝村岭下定。

1920年，就读龙川县立中学校（现龙川一中）。

1921年秋，考取广州西村的"广东省立第一甲种工业学校"（简称"甲工"）。

1923年6月，加入社会主义青年团的外围组织——"广东新学生社"。

1923年11月，加入社会主义青年团，编入粤区广州"于员（团校）支部"，同时加入了中国国民党。

1924年11月，当选为团粤区委执行委员。

1925年3月15日，被介绍加入中国共产党。

1926年冬，与团两广区委干部张雪英结婚。

1928年11月，黄居仁夫妇被国民党杀害。

黄居仁，生于贫农家庭，却为解放贫农奋斗了一生；生于旧思想的年代，却为宣传新思想奔走了一生；深爱着娇妻张雪英，却一起为革命事业牺牲。古人说"作者不居，居者不作"，居仁，为无产阶级事业奉献了一生，却没能看到农民翻身当主人这般好光景。

黄居仁，是广东早期杰出的青年运动先驱和领袖之一。大革命期间，他曾经担任中共广东区委（又称两广区委）青年运动委员会书记，共青团两广区委、广州地委书记，中国国民党中央农民部特派员，土地革命时期，他致力于党的领导机关工作，曾任中共汕头市委、惠阳县委书记，中共广东省委巡视员，特派员等职。虽然他的一生是极其短暂的，却是光辉的，他为中华民族解放，为共产主义事业忠心耿耿地奉献了一生。

1904年2月13日，黄居仁出生于广东龙川铁场洋贝村岭下定。由于在家排行老二，又名安二。兄早夭，弟居洲，姐妹九人，父因病早逝，赖祖父寿康、母亲李长妹抚养成人。祖父为"国学生"，颇通诗文，曾自设家庭私塾。居仁从小便夹缠在祖父膝下学他诵读经文。10岁到外祖父（晚清秀才）门下学习（铁场石坑村），他喜言好学，记忆惊人。因"不服"外祖父之教，又回祖父处上家庭私塾。13岁到洋贝中心国民维新学校入新学，开始接触维新思想。14岁转至铁场鲤鱼岭"山潜私塾"就读。15岁转学铁场赖坑的"富赖学校"。他喜爱文娱活动，弹拉自如，夜读疲惫时常吹箫弈棋消遣，到戒厅堂习拳练武。

居仁不能忍受旧思想、旧文化禁锢，当五四爱国运动浪潮波及龙川山乡时，他在1920年从山乡来到县城（佗城），就读龙川县立中学校（现龙川一中）。他爱好学习，文理兼备，对历史上尽忠报国的英雄人物无限敬仰，读"人生自古谁无死，留取丹心照汗青"之诗句而心潮起伏。他勤奋好学，成绩优异，还善辞令，善于演讲，具有突出的组织才干。

1921年春，居仁开始从学校走向社会，来到佛山山素村，在同乡黄梅森兄弟的染织厂当徒工。为发展生产，经厂方举荐，同年秋，居仁考取广州西村的"广东省立第一甲种工业学校"（简称"甲工"）

公费生而被该校染织科录取入学。在校时，他首先结识了东江籍学生阮啸仙、刘尔嵩、张喜铭等，在他们进步思想影响下，开始接触马克思主义，参加校内外反帝反封建军阀的斗争。在此期间，他必读每期《青年周刊》，政治觉悟得到很大的提高，曾协助阮啸仙、刘尔嵩发动"甲工"学生捐款慰问海员大罢工的香港海员。1922年"五一节"时广州各界十万人举行大会，他积极参加集会并上街巡行，高呼"打倒帝国主义""打倒军阀"的口号。

1923年6月，党的"三大"在广州召开。居仁经阮啸仙、刘尔嵩介绍率先加入社会主义青年团的外围组织——"广东新学生社"，并成为该社的骨干。8月，居仁暑假返乡，积极宣传新学生社宗旨并成立了"广东新学生社龙川铁场分社"。主要骨干有罗以文、黄其鹏等人。当时新学生组织几乎遍布全省各县市，甚至桂、湘、闽等省青年也纷纷要求建立分社。党的"三大"明确指出，帝国主义侵略和封建军阀统治是中国问题的症结。中共中央机关报《向导》发表文章，介绍列强侵略我国的动态。居仁于8月22日在该报发表《打倒军阀》一文。他指出，"卖国殃民的北洋军阀，是国人之所同嫉，天地之所不容"，并号召国人"应一致以一个尔死我活的决心来打倒北洋军阀！"

1923年11月，居仁加入社会主义青年团，编入粤区广州"于员（团校）支部"，与其他团员骨干——团粤区委、广州地委领导人一起研究开展团的工作。此时，居仁遵照党的指示，加入中国国民党，并于11月11日参加国民党改组"试验场"的广州党员大会。居仁执行团粤区委指示，致力于国民党改组工作，他分别当选为国民党广州市第七区党部及其第三区分部（甲工）执行委员。正当改组工作顺利进行时，广东军阀陈炯明率部攻打广州外围石龙镇。居仁鼎力协助阮啸仙、刘尔嵩等人在广州为慰劳队募捐数千元及一批粮食物资等。由于居仁在广州青年运动中崭露头角，1924年5月5日，当选为团广州地委候补执行委员，努力开展革命活动。然而，把持"甲工"校务的官僚政客，害怕学生革命活动，规定学生不准"与闻政治，加入政党，干涉诉讼""任报界访员""私阅小说"等等。同时，将学生统编为一个"陆军团"，校长兼团长。这种法西斯教育主张，在广州所有高等院校、中专、中学前所未有，自然受到"甲工"师生的反对。居仁和周文雍等进步同学既揭发批评校方搞军事独裁教育，又揭露校长贪污校款等肮脏行径，该校长老羞成怒，竟以"好惹是非，反对校长，无心读书，不堪造就"为由，开除了居仁的学籍。随后，团粤区委分配他在广州从事青年团工作。自国共合作后，广州成为革命中心，1924年11月5日至12日，居仁出席团广东区委代表大会，会上他当选为团粤区委执行委员。13日，在区执委会上，他当选为团粤区委组织部长，肩负着领导各界青年运动的重任。

1925年1月，团第三次全国代表大会在上海召开，会议决定把社会主义青年团改名为中国共产主义青年团。2月15日，刘尔嵩、居仁等主持召开团粤区委临时大会，传达全国团代会的有关决议。大会还根据团中央决议，做出取消团粤区委的决定，由广州地委代行粤区委职能负责领导粤区青年运动。会上，黄居仁再次当选为组织部长。

1925年3月12日，孙中山在北京逝世。居仁出席国民党中央于13日召集的广州市党部各级执委联席会议。会议决定，为15日召开大会而先成立筹委会，由国民党中央指定筹委16人，其中有共产党员和共青团员杨匏安、梁九、黄居仁三人，居仁负责招待部工作。

1925年3月15日，由团广州地委决议，介绍黄居仁加入中国共产党，同时被介绍入党的还有杨石魂等三人。居仁入党后集中全力领导广东区青年运动。他常深入广州石井兵工厂、三元里郊区、沙河等地农村，圣心中学、省一中、二中等学校了解团组织情况，加强团员和青年的思想教育，发展团组织。居仁还经常于星期日到广东大学、黄埔军校的朝鲜、越南籍学生宿舍，给他们开会和指导理论学习，热情帮助朝鲜、越南同志进步。

5月下旬，军阀杨希闵（滇军）和刘震寰（桂军）于广州发动军事叛乱，阴谋颠覆广东革命政府。居仁与周文雍、赖玉润等团地委骨干，在街头散发传单和檄文。同时，他根据党粤区委指示，发动团员、青年、工团军等，协助周恩来率领的部分东征军，平定了杨刘叛乱，使广州转危为安。

上海"五卅"惨案消息传到广州，居仁立即派出团地委骨干，组织青年及各社团等群众团体集会声讨。会上，黄居仁代表青年团发表慷慨激昂的演说，义正词严痛斥英帝国主义。

6月19日，"省港大罢工"爆发。居仁积极发动广州团干部、青年等协助中共两广区委做好安置工人的食宿等工作并动员他们参加周恩来等发动的群众性援助罢工周，组织他们晚上提灯游行，宣传省港工人反帝斗争的重大意义，并发动广大群众捐款援助罢工斗争。

为声援省港大罢工，6月23日，东校场举行五万人的政治示威反帝大会，居仁为大会准备了标语、旗帜和决议案，并参加游行。行至沙面时，遭英法水兵开枪扫射，伤亡二百余人，由于"省港大罢工"和"沙基惨案"发生，团广州地委抽调不少团委骨干去做实际工作。7月5日，经地委第三十一次常会议决，由黄居仁兼任团广州地委书记。这时，他既任组织部长又是书记，工作繁重，但仍按规定经常向各特支、团委了解工作情况并依时向中央汇报。

在此期间，居仁主持开办团校，亲自主讲，每期40人，3个月毕业。他深入郊区花县农村，以"发展青年农民入团"，扩大团组织。他与破坏组织纪律的行为作不懈的斗争，坚持不唯上而唯实。他曾致书面报告于团中央时说，"团体的纪律不应以负责重要工作之同志而姑息"。这时,团广州地委已辖三个地委和七个特支及十七个支部,实际上行使着团粤区执委的职能。此外,他还根据党、团指示:"凡二十一岁以上的入大学,二十一岁以下的入中学"("大学"和"中学"分别是共产党组织和共青团组织的代称),大力发展新团员和推荐新党员,重视团组织的建设,使广州团员数在1926年5月增加至1215人。.

当广东革命政府举行第二次东征和出师北伐时,居仁发动团员、青年踊跃参加革命军,鼓励知识青年投笔从戎。东征胜利后,团两广区委书记赖玉润调任中共汕头地委书记。随即,黄居仁兼任团两广区委宣传部长。他以青工为重点,在各行业中举办补习学校,建立团支部,物色积极分子入团。当时居仁负责的团广州地委,新团员成倍增加,成为"全国最重要之区"。

1926年初,居仁与团广州地委领导在文明路广东大学附近的一间工会里开办团干(甲)、新团员(乙)和先进青年训练班,学员以大学生居多。居仁在班内讲授《共产主义与共产党》《团和党的关系》等基本知识,教唱国际歌。2月26日,广州各界十万人,冒雨在广东大学操场举行反对卑路(姓名,为英国人)封闭粤海关的示威大会。居仁以中国共青团代表名义在大会上发表演说,会后率领示威群众游行。慑于群众反帝浪潮,卑路在同日下午重开粤海关。

由于团组织不断发展壮大,3月7日,团两广区委特别会议决议:团区委与广州地委合并,改组区委。选出书记杨善集、组织部长黄居仁等五人为执委,区梦觉(兼妇委书记)等三人为候补委员。"巴黎公社"是国际无产阶级革命史上的一个伟大创举。1926年3月18日,居仁在"全总"省港罢工委员会机关报《工人之路》特号上发表《巴黎公社的历史及其意义》一文。除著文外,他还在团员、青年的纪念集会上(55周年)讲述巴黎青年在战斗中的作用,号召两广青年学习他们的革命精神,进行新的战斗。

为进一步推动国共合作和国民革命运动的开展,国民党广东省党部青年部创办《广东青年》刊物,其"目的在指导全省青年运动,特别是纠正一般青年的错误思想及行动"。居仁在团务繁忙、"工作集中于书记一人身上"的情况下挑灯夜战,几乎每期都有他的著文,刊出的有:《革命青年应该怎样解决恋爱与经济问题》《为国民会议告中国青年》《国民革命与阶级斗争》《日暮穷途的英帝国主义》《暑假期内的农村青年工作——"到民间去"》等。

1926年3月20日,广州的"中山舰事件"后,居仁对团干部说:"今后如发现有反共、反共青团的情况,要立即向上级汇报,有的要及时揭露,据理反驳,以免蔓延。"团两广区委原定居仁到广西梧州组建团地委,后因故改派杨善集前往。3月23日,区委决定由黄居仁代理两广区委书记。这时,中共两广区委下设五个委员会:军事运动(书记周恩来)、职工运动(书记黄平)、农民运动(书记阮啸仙),妇女运动(书记邓颖超,后为蔡杨)和青年运动委员会(书记黄居仁,后为杨善集)。

1926年5月23口,居仁主持召开团粤区委特别会议,并"作区委报告",通过改组扩大区委。经选举决定区委书记(郭瘦真)、组织(黄居仁)、宣传(杨善集)三部合组主席团,办理日常团务。

1926年8月,居仁受两广党、团区委派遣到潮梅地区巡视与发展团组织。居仁主持召开了梅县地区第一次团代会,会议通过并成立了共青团梅县地委。会上居仁作政治报告,团代会后,他还主持举办了"团员骨干训练班"并亲自讲课,"讲得深入浅出,道理说得比较清楚透彻"。自同年3月居仁主持团两广区委工作起,他就着力筹办团区委机关刊物《少年先锋》,到9月1日才正式刊行。他常在该刊撰文,先后刊出的有:《我们的失恋者》《列宁逝世三周纪念日告两广青年》《一封给国民党左派青年同志书》等。

10月,居仁与团区委书记沈宝同一起,在广州主持召开了团广东省第一次代表大会。大会通过了各种决议案,并号召团员、青年支援国民革命,援助北伐战争。

1926年冬,居仁和团两广区委干部张雪英结婚。张雪英是广州人,1906年生,她负责广东、广西、福建、港澳等地的团费收支管理和发行《少年先锋》刊物及团内外小册子等工作。与居仁一起在文明路77号二楼团广东区委办公室工作(三楼是区党委办公室)。当时虽是国共合作,但党团机关仍未公开,党派居仁设法租赁这幢楼房时,他化名"管东渠"(广州话"广东区"的谐音)向广州警察局备案。居仁长住二楼最西边的那间房里,而其他人员极少住在这幢楼内。

1927年春,党、团区委主要领导赴武汉参加全国党、团代表大会,同时,团区委干部又相继为党区委调用,居仁接任团两广区委书记兼中共两广区委青年委员。

1927年4月初,居仁受中共两广区委派遣,到潮梅地区指导青年运动。5月下旬,中共广东省委调居仁任中共汕头市委书记。7月15日,汪精卫叛变革命后,时任中共汕头市委书记的黄居仁,不顾个人安危,继续从事白区工作,建立秘密工农武装。8月中旬,为接应南昌起义军入汕,省委派秘书长赖玉润帮助居仁组织武装暴动。赖抵汕后,"召集市委会议,立即组成汕头革命委员会"。由赖玉润、黄居仁等五人组成领导机构,他们多次在汕头市天主堂一巷的黄居仁住地秘密召开市委、市革委等扩大会议,做出组织工农革命军接应南昌起义部队等问题的决定。

9月22日晚,工农军分头攻打市警察局和区警署。反动军警获悉南昌起义军抵达郊区,便纷纷溃散或投降,经短时战斗,工农军占领了各区警署,但市警察局尚未攻下。当居仁指挥工农军紧缩包围圈时，周恩来等领导的南昌起义军已沿潮汕铁路直入汕头市，反动军警投降。起义军入汕后，居仁、赖玉润向周恩来等汇报汕头情况，并一起研究了今后工作。居仁积极筹备粮饷和召开祝捷大会。

这时，汕头海面马屿口，敌军舰（12艘）封锁海面，炮口对准汕头市内。居仁部署工农军协助南昌起义部队在崎绿炮台布防迎敌。为保存力量，起义军于9月30日撤出汕头，成立七天的"汕头革命委员会"随之消失，这一峥嵘岁月称之"潮汕七日红"。起义军离开汕头后，居仁又与玉润等一起商定一系列善后工作。赖速离汕去往香港向省委汇报；居仁因很少公开露面，继续留在汕头主持市委工作。"在白色恐怖下，他时而化装为中年人，时而化装为青年工人或教员、店员伙计等秘密往来于各据点间，联系组织工作"。根据党中央指示，中共广东省委于1927年冬决定举行广州起义。考虑到居仁曾在汕头发动过武装起义并接应南昌起义军入汕，颇有组织城市起义的经验，省委调他到广州参加起义。居仁抵穗后，立即协助市委工委书记周文雍把各种地下工人武装统一改编为"广州工人赤卫队"。为解决枪支不足，居仁与文雍迅速部署第三联队队员到小北路地下据点把枪支装棺材内，佯装郊外李（济深）、张（发奎）军阀混战阵亡者，从而使赤卫队领足武器参加起义。

1927年12月11日，广州起义爆发。这天清晨，他在起义总指挥部布置团市委同志分发指挥部出入证，他自己担任发放枪支、弹药，维持社会秩序，做好宣传教育工作。12日，反动军队围攻广州，为吸取南昌起义军从汕头撤退的经验，居仁特向起义总指挥部提出建议，因敌众我寡应撤出广州转移到海陆丰等地开展农村革命斗争以保存力量。13日，起义主力部队已从广州撤出，居仁和少数赤卫队员担任殿后掩护，未随主力转移。当敌人拥入市内时，他和赤卫队员一起进行英勇狙击，后从市内街道撤离广州，赴粤东一带坚持斗争。

1928年1月，中共广东省委决定委派黄居仁到东江流域中心城市——惠州，担任中共惠阳县委书记（直属广东省委领导）。居仁抵惠后，速即整编当地农军，并与东江特委常委林道文一起，在镇龙一带领导农民武装，斗争大地主、恶霸。2月2日，在四大半围主持召集县委会议，部署暴动计划。2月21日，惠阳县委组织了"广东省惠阳县苏维埃政府"，黄居仁、林道文等十人被选为委员。2月26日，居仁在四大半围岗头杨氏宗祠，主持召开全县代表大会，宣告"惠阳县苏维埃政府"成立。3月，居仁与恽代英、杨石魂、林道文等组织了平山暴动，但因时间仓促，动员力量不足而未能成功。

广州起义失败后，中共中央派李立三任中共广东省委书记，贯彻执行"左"的路线。黄居仁自组织四大半围、平山等暴动失败后，没有总结失败教训，继续贯彻执行中共广东省委1月会议"左"的路线，仍企图武装夺取淡水。他在中共惠阳县委驻地淡水望牛岗村召开了淡水周围党、团骨干会议。决定由望牛岗村党支部派党员上戏棚安装火药点火，其余由各村党、团员进去配合。当晚有点起风，台上锣鼓喧天，戏刚开场不久，戏棚不到几分钟就被烧光，场内一片混乱，难免也踩伤了一些群众。派往配合的人在淡水内大喊工农革命军打进淡水来了，弄得国民党军惊慌失措，只好朝天乱开枪。居仁的革命热情和积极性是好的，执行上级的决定也是坚决的，只是缺乏武装斗争经验，又没有把革命理论与当时当地的实践结合起来。虽然"左"的路线是上级贯彻下来的，但也反映了他也有"左"的急躁冒进思想。鉴于广州起义失败后，广州党团组织受到严重破坏，5月，中共广东省委考虑到居仁在大革命时期曾在广州从事青年运动，熟悉情况，遂决定调他返回广州，任广东省委巡视员，从事恢复建立党团组织，并准备任命他为共青团广东省委书记。居仁抵广州后，协助广州市委书记吴毅，恢复党组织，开展白区工作。这时，张雪英也在广州市委内从事青年团工作，任团广州市委副秘书长。在白色恐怖异常严重的情况下，居仁再次临危受任。由于他在大革命时期常公开露面，认识他的人很多，所以，他常化装外出，一日数"变"，乃至面目全"非"。

1928年秋冬间的一日中午，居仁因外出联系党组织尚未回家。正当张雪英等他回家吃午饭时，国民党广州卫戍司令部谍捕队人员突然闯入家门，喝令张雪英"不准动"，并翻箱倒柜。张来不及取下悬于门外的信号。正当此时，居仁刚好回到家门口，细察信号未变，以为没事。就在这一瞬间，隐伏在房内外的谍捕队人员蜂拥而上，将居仁逮捕。当晚，居仁夫妇被一起押解到广州南石头特别监狱惩戒场。

敌人审讯居仁夫妇，要他们供出广州党团的情况，都遭严词拒绝，敌人就用毒刑折磨他们，但他俩誓不出卖同志，铮铮铁骨，宁死不屈。敌人对居仁说："你年轻，难道你不珍惜自己的前途和家庭吗？"居仁早对同志们说过，万一自己被捕，就把生命献给党。现在，他用坚强的意志、钢铁般的行动实现自己的诺言。敌人软硬兼施对他们夫妻说："你们只要告诉一些党团员的地址，就可得到荣华富贵，如果不说出党团组织便休想活命。"居仁斩钉截铁地说："我宁愿不要生命、不要家庭，但也不能出卖党团组织，你们要杀便杀，要斩便斩，一切悉听尊便。要我说出党团员地址，哪怕是一个，也是绝对不可能的。"

1928年11月的一天清晨，居仁夫妇从男女牢房被叫出，他们内心都明白这是最后一次见面。他们的嘴巴虽都已封塞，不能说话，但彼此相顾，点头会意。尔后，他们迈赴刑场，同时英勇就义。居仁牺牲时不足25岁，张雪英仅24岁。

黄居仁壮烈牺牲后，中共广东省委于1928年11月25日在香港召开第二次扩大会议，会议决定：在省委机关报《红旗周刊》上发表《纪念死难诸先烈》一文，指出："省委扩大会议全体致敬于这一年来为革命牺牲的先烈同志、红军将士及一股在豪绅资产阶级白色恐怖下被屠杀的贫苦工农群众，并决议继续为他们奋斗为他们复仇！"省委扩大会议特别指出："陈延年同志""黄居仁同志（前惠阳县委书记）"等"在革命战斗中的牺牲，全党应当永远纪念他们的努力。"省委扩大会议决议通告各级党部，接此通告后，第一次会议中，应由主席宣读通告，并提议："全体同志起立默哀三分钟，致敬于革命的先烈。"

如今，在当地政府的努力下，黄居仁故居修缮一新，成为当地著名的红色革命教育基地，迎来四面八方的客人前来瞻仰。

（资料来源：龙川县委、龙川县人民政府1991年出版的《龙川英烈》）

骆均光（1901—1929）

1901年，出生于龙川迴龙镇骆岐村一个农民家庭。

1922年，在兴宁大坪达务高小读书。

1925年秋，以优异成绩考进铁场二中读书。

1926年，参加地下革命组织，在此期间，加入中国共产党。

1927年，担任中共骆岐支部书记。

1928年8月，与罗屏汉率武装袭击兴宁大坪警察所和民团，取得胜利。

1929年，参与成立五兴龙县苏维埃政府，并担任中共赤龙铁区区委书记。

1929年7月，被反动派逮捕入狱，惨遭杀害，年仅28岁。

  才思敏捷，聪明过人，却未能给自己挣个衣食无忧的好前程；勤奋好学，懂礼孝顺，却未能常伴父母膝前侍奉左右。他把他的聪明才智，无惧黑暗的勇气，甚至是一生都献给了无产阶级革命事业。年仅28岁，均光就这样离开了，但他为人民奉献的精神却永存于世。

  骆均光，又名显标、雄才，龙川迴龙镇骆岐村人。1901年1月15日出生于一个农民家庭，父亲骆松堂是个忠厚老实的农民，耕田能手，母亲吴三妹是善良农家女，妻黄七妹出身贫苦。均光童年才思敏捷，聪明过人，七岁进入本村私塾读书，勤奋好学，深受老师和同学赞许，故他父亲在家庭经济困难境况下，仍不遗余力筹资给他念书。

1922年在兴宁大坪达务高小读书，结识了罗屏汉，受进步思想影响较深，常看进步书刊，1925年春节高小毕业，同年秋季以优异成绩考进铁场二中读书，与骆达才共班，志同道合，结为挚友，彼此互相勉励，追求进步，阅读进步书刊，接受新思想。这年冬省港大罢工的浪潮传入学校，骆均光与骆达才积极投入"五卅"爱国反帝示威游行，抵制洋货、敢于抨击时弊，成为该校学生中出色的人物。

1926年2月骆均光与骆达才秘密参加了地下革命组织。同年5月代表赤光区出席"龙川首届农民代表大会"，会后留下参加龙川县农运骨干学习班，均光思想进步，表现积极，在学习期间参加了中国共产党组织。

1927年1月，骆均光参加龙川县佗城农讲所学习，3月学习结束回乡，便走村串户向贫苦青年宣传马克思主义和共产党的主张，讲述彭湃在海陆丰闹革命的故事，揭露国民党政府统治的腐败和社会的黑暗，农民受三座大山的压迫和剥削，永世不得翻身。贫苦青年听了他们的宣传，深受启发，一呼百应，纷纷要求参加革命。接着均光召集一批进步青年骆细四、骆显贵、骆春龙、骆显星等人，在他家开的"义和店"开会，"歃血盟誓"，发展党组织，10月成立中共骆岐支部，均光任党支部书记。在党支部领导下，以党员为骨干，继续进行串联活动，并在下老屋背的天主堂，召集全村四十多个青年农民开会，成立骆岐农民协会，均光兼农协会主席，骆细四、骆显贵、骆春龙、骆显星为农协委员。协会宣布一切权力归农会，实行"二五"减租、收缴本村一批民枪，成立由二十多人组成的"龙川农民军独立小队"，骆均光兼任队长，骆细四为副队长。"农军小队"在成立时上级党组织赠送红旗一面，军号一把，关刀一把，当天中午在胡遂良（化名王子光，兴宁县人）的领导下，骆均光与骆达才率领农军队伍，擎着红旗，吹着军号，到该地附近的石角圩，贴标语，唱军歌，宣传革命，政治影响极大，震惊了当地的地富豪绅。

1928年春，五华、兴宁、龙川三县的革命武装暴动相继失利。同年4月各县起义暴动的部分武装队伍先后撤退到霍山集中，据险固守，遭国民党县、区反动武装一千多人围剿，妄图一举消灭我暴动的武装队伍，在危急关头，骆均光、骆达才等积极组织农军队伍突围，使中共五兴龙临时工作委员会的领导叶卓、蓝胜青等同志安全转移，免受其害。同年8月26日骆均光奉命率领农军11人，暗藏武器，装扮成赶集商贩，从骆歧出发，配合大塘肚由罗屏汉率领的武装袭击兴宁大坪警察所和民团，取得胜利，毙敌反动头子三名，缴获枪弹一批，在战斗中均光勇敢冲杀，左腿中弹负伤，幸得战友掩护，及时转移径口村，星夜抬回家中，请社会跌打医生邹亚桥秘密治疗，经一个多月医治，伤势刚痊愈，身体尚未恢复健康，均光又奉令到大塘肚苏区继续革命。

1928年11月21日，均光以龙川代表身份，出席兴宁县委在神光山梅子坑胡屋召开的梅、五、兴、龙、丰五县联席会议，到会代表有蓝胜青、刘光夏、陈锦华、胡遂良（均为兴宁人）以及卢觉民（五华人）、肖向荣（梅州地委联络员）、骆均光等七人，蓝胜青主持会议，主要商议联合暴动问题。在会议期间不慎为敌探发觉，遭国民党兴宁县反动武装一百多人星夜围剿，在突围中蓝胜青壮烈牺牲，余皆冲出重围，均光脱险安全回到家乡。

1929年1月、2月间，骆均光先后多次陪同东江特委巡视员刘琴西和县临委领导叶卓等，视察大塘肚的二架笔、双头山等地地形，决定以大塘肚为五兴龙革命根据地。同年3月，在刘琴西主持下，在大塘肚召开"五兴龙"三县工农代表会议，成立"五兴龙县苏维埃政府"，会后在县临委领导下，建立四个联区，而骆均光任中共赤龙铁区区委书记。尔后，日夜奔走于迴龙南部的马布、慕道、园田、骆歧、径口和龙母小东坑、友洞里、长坑以及赤光的洋陂、五合等地发动群众，发展党组织，组织农会，建立武装队伍，把赤龙铁区的革命连成一片，准备武装大暴动。

1929年7月15口，骆均光与骆细四两人，到赤光洋陂、五合一带活动，是晚在赤光圩"义仁祥"客店住宿，被敌探发觉，遭反动头子区长刘子谋派团警深夜围捕，因寡不敌众，骆均光与骆细四同时被捕，押解佗城入狱，在狱中受尽严刑拷打和折磨，但均光大义凛然，视死如归，坚决保守党的机密，敌人无法从均光口中得到情况，龙川县反动政府头子恼羞成怒，遂下毒手，押赴刑场时，路过佗城街，高呼"打倒国民党""共产党万岁"。年仅28岁的骆均光，为革命献出了青春与生命，他的革命史迹，载入史册，永留人间。

（资料来源：龙川县委、龙川县人民政府1991年出版的《龙川英烈》）

谢火龙（1883—1929）

1928年5月，参加革命。

1929年，在敌人第三次"围剿"中受伤与兄弟走散，拄着拐杖回到老家洋田村。

1929年12月，因伤病不治病逝家中。

　　一砖一瓦才得以筑成雄伟的长城，一川一流才得以汇成浩瀚的大海。谢火龙，是一个连出生年月都无人知道的人，他的故事能被后人记录的也是那么少，但伟大的无产阶级革命事业，正是广大的群众你出一分力，我献一分功，汇聚成巨大的力量，才得以取得最后的胜利。

　　谢火龙，又名荣勤，男，银匠出身。龙川县龙母镇洋田村人。20世纪20年代初，在江西井冈山以打造银圆为生。1928年5月，参加革命工作，并被指派为红军造币厂负责人兼技术指导。1929年，因在敌人第三次"围剿"中受伤与兄弟走散，拄着拐杖回到老家洋田村，12月，因伤病不治病逝家中。

　　20世纪20年代初，他与本族兄弟谢荣光、谢荣珍、谢路苟等人，在江西遂川县井冈山以打造银圆为业，并与井冈山绿林首领王佐关系密切，还为王佐绿林军铸造过大量银圆。井冈山革命根据地建立后，为粉碎敌人对井冈山的经济封锁，1928年5月毛泽东等人决定在上井村借用农民邹甲贵的住房，创办了红军造币厂，谢火龙从此参加了革命工作，并担任红军造币厂负责人兼技术指导。他在本族兄弟以及他外甥阿秋等人的支持配合下，克服了种种困难，因陋就简，白手起家，团结全厂工人，夜以继日地工作，为井冈山革命根据地制造了大批"工"字银圆，为缓解红军的军费困难做出了很大贡献。

1929年1月底，湘赣两省敌军向井冈山革命根据地发动了第三次大规模"围剿"。敌人窜进井冈山后，提出"石头要过刀，茅草要过火，人要换种"的烧杀政策。红军造币厂被敌人烧毁，谢火龙在撤退时负伤被冲散后，找不着本家兄弟和造币厂的工友，遂孤单一人，无奈之下于同年3月初，扶着拐杖艰难地回到老家洋田村。

当时，龙川仍是国民党统治，一片白色恐怖。谢火龙对在江西井冈山参加革命的事守口如瓶，不敢吐露半句。对村里人只说：江西形势很混乱，有一次被围困在山上，凭着求生的本能设法突围，结果死伤很多，突围时他右胸中弹负伤，本族兄弟被冲散，费时一个多月回到家中。

谢火龙回到洋田后，虽对伤病进行医治，但由于伤势重，之前长达一个多月时间得不到及时治疗，以致伤口糜烂久治不愈，卧床数月动弹不得，伤病不治，于同年12月在家病逝。在当时特定的社会环境下，谢火龙在井冈山参加革命的事实不敢张扬，为免遭灭顶之灾，连家里人都不敢透露，以致其革命事迹一直被湮没。所幸今江西井冈山"上井红军造币厂展览馆"展出了《谢火龙同志简介》，对其革命生涯予以褒扬。至此谢火龙的英雄事迹才在龙川传开，英雄无语，无语的英雄，真正是恰如其分地概括了谢火龙默默无闻却为苏维埃革命做出不朽贡献的短暂一生。

叶 卓（1891—1930）

1891年，出生在一个贫苦农民家庭。

1915年，为分担家计前往广州拉人力车。

1921年，投身于工人运动，加入广州石行工会。

1923年，进入工人夜校学习，阅读了许多进步书刊，视野得以开阔。

1925年春，加入了中国共产党。

1925年夏，发动工人投入省港大罢工斗争，并担任香港石行工会广州分会财政股股长。

1928年2月，当选为龙川县革命委员会委员。

1930年，被捕入狱，遭敌人杀害。

富贵不淫，威武不屈，此乃大丈夫也。叶卓，出生于贫苦的农民家庭，他目睹了，也经历了贫苦农民的可怜，以及地主恶霸的可恨。正是这份经历使他无产阶级信仰更加坚定，也造就了他不淫不屈的豪情。在一个寒冬的早晨，他的躯体倒在了反动派的刀枪下，但他的精神却永远是直立着的。

叶卓，原名卓庆，广东龙川登云东山乡人。1891年出生在一个贫苦农民家庭。叶卓只念了三年书，但他天资聪颖，勤奋好学，很有学识。叶卓为分担家庭经济压力拉过人力车，开过车仔馆，在石厂做过工。于1921年投身工人运动，积极参与各种工人斗争，积极配合武装斗争。1930年被捕入狱，遭敌人杀害，壮烈牺牲。

叶卓的家乡，地处龙川、五华两县交界的蓝关一侧，南临韩水，西接岭西，峰环路转，一径相通岐岭、老隆，地势险要，素为盗匪出没、兵家必争之地。叶卓少年时，耳闻目睹地主恶霸、贪官污吏、军阀土匪相互勾结，设卡蓝关，苛捐盘剥，拉夫抽饷，民不聊生，深知劳动人民受害之苦，对反动统治者切齿痛恨。

1915年春节刚过，叶卓为分担家计偕同最小的弟弟烈庆前往广州拉人力车。兄弟俩初出家门，虽然每天起早摸黑忙个不停，但是仍然不得温饱。后得乡里人相助，在广州老隆外街大沙头开设车仔馆，兄弟俩苦心经营，好不容易才有些积存时，却遭火灾而资财尽毁。在走投无路的情况下，叶卓兄弟俩只好受雇于香港一家石厂。在香港石厂做工，叶卓受尽资本家、工头和洋鬼子的盘剥压榨，内心如焚，朝夕盼望脱离茫茫苦海。

五四运动爆发后，青年运动风起云涌。叶卓在香港闻风而动，于1921年冬与弟弟烈庆回到广州，在沙河当打石工。不久，投身于工人运动，加入广州石行工会，成为石行工会中的积极分子。

1922年6月，陈炯明背叛孙中山，炮轰广州总统府，激起各界人民的无比愤慨。我党团结国民党左派人士，发动人民声讨陈逆。叶卓与广州工人阶级一起站在斗争的前列，经受斗争风浪的锻炼。1923年夏，他远离市区石厂，进入市内老隆外街，重操人力车旧业。此时，叶卓进入工人夜校学习，阅读了许多进步书刊，视野不断扩大，并与阮啸仙等青年运动领导人有了接触，得到他们的引导。叶卓渴望自由，追求解放，思想进步很快。于1925年春加入了中国共产党。

1925夏，省港工人举行大罢工。叶卓串联发动工人投入罢工斗争,并担任香港石行工会广州分会财政股股长,负责筹集罢工经费,安排工人的食宿,率领工人纠察队缉查私货,封锁港口和交通要道。那时,罢工工人多,时间长,耗资巨。为解决罢工经费困难,叶卓受省港罢工委员会派遣,漂洋过海到南洋一带向爱国侨胞募集经费,为罢工斗争取得胜利做出了贡献。

1926年10月,省港大罢工结束后,叶卓回到家乡。其时,龙川鹤市地区农民运动方兴未艾。叶卓深入群众,了解到东山、双桥两乡农会,为异己分子所把持,因而地主阶级有恃无恐、气焰嚣张。他即与县、区农民协会取得联系,协助改组东山、双桥乡农会,选派共产党员叶元庆、郑秋林分别担任东山、双桥乡农会主席。秋收时节,叶卓支持农会干部领导农民开展"二五"减租斗争,砸碎地主的私斗,勒令反抗减租的地主分子写"忏悔书",有力地打击地主的嚣张气焰。是年冬,叶卓奉令返回广州,继续投入工人运动,担任石行工会的领导工作。

1927年武汉"七·一五"政变后,广州人民在共产党的领导下,反对蒋、汪合流,与国民党反动派对革命人民的血腥镇压进行了不屈不挠的斗争。与此同时,中共广东区委为反击逆流,准备举行武装起义。为配合广州起义,叶卓、钟彪奉令率领一批共产党员和省港罢工工人离开广州,绕道汕头、海丰、紫金、五华,秘密返回龙川,筹建革命武装,组织武装暴动。叶卓与中共龙川县特支领导人黄觉群、杨福生取得联系,并研究确定以四甲、高塘角、东北桥为根据地,发动群众,建立农军,进行武装暴动的准备工作。

广州起义失败后,共产党员黄克、黄德初等奉命撤出广州,回到龙川参加武装暴动的领导工作。1928年2月,龙川县成立革命委员会,叶卓当选为革命委员会委员,与黄克、黄觉群等一起组建东江工农革命军,制订了武装暴动计划。其时,国民党反动派在鹤市、通衢、登云、黄布等地设立武装据点，加强巡逻戒备，局势十分紧张。叶卓置生死于度外，深入各地发动群众参加暴动。叶卓动员全家投入革命，同胞兄弟元庆、烈庆等参加了工农革命军。

1928年3月，东江工农革命军举行武装暴动，因联络员被捕，遂因泄露行动计划而使进攻鹤市归于失败。暴动受挫后，叶卓立即指派叶广庆、郑美林留下安抚群众，巩固组织，整肃内奸。他与黄水泉旋即前往五华向东江特委汇报暴动失利的经过原因。为了重新积聚革命力量，东江特委指示叶卓前往梅县石扇，化名曾汛，以雇佣工人作掩护，继续开展地下活动，重新组织革命力量。4月间，五华、兴宁、龙川三县中共党组织部分领导人，先后退却霍山，商议成立中共五兴龙临时县委，叶卓为书记。不久，叶卓率领郑强、崔兰、古汉忠等武装人员，配合古大存部进攻梅城。梅城虽被攻破，但因势孤力薄，未能大量杀伤敌人，部队只好迅速撤离县城。此后，叶卓化名曾发，进入梅县城东山中学，以"伙夫"作掩护秘密组织发动进步师生、工人及警察组成一支一百余人的地下赤卫队，以图再次起义暴动。

1929年1月初，中共龙川县临委在迴龙大塘肚成立，由叶卓任书记。冬，龙川县临委撤销，正式成立中共龙川县委，叶卓任组织部长。10月底，叶卓率领梅城地下赤卫队配合红四军攻占梅城，打开国民党监狱，释放"政治犯"一百多人。进城后，叶卓组织青年学生和工人上街宣传，并亲自登台演讲，宣传共产党的主张，号召劳苦大众起来革命，争取自由和解放。

1929年12月24日，罗口乡民团头目吴祖韩探悉五兴龙游击队和区联队、赤卫队开往大信整编，后方空虚，便纠集赤光、新田、龙母等地团警200多人，突然袭击大塘肚苏区，敌人所到之处，纵兵烧杀抢掠。全村群众在赤卫队掩护下走避深山。敌撤退后，东江特委指示叶卓组织10多个人的工作组，深入到深山老林动员群众下山，组织临时互助组、变工队，通力合作，重建家园。敌人进占大塘肚之后，设立军事据点，岗卡林立、戒备森严。五兴龙县苏维埃政府大部分人员迁往兴宁大信苏区。叶卓往返于大同、大信、田北、登云一带，进行着艰苦的地下斗争活动。

1930年7月，叶卓装扮成货郎，只身从江西寻乌进入登云、通衢、鹤市等地活动，因暴露了身份，在龙母田北地下交通站不幸被捕。敌人软硬兼施，用尽一切手段，妄图使他屈服。反动县长邓衍芬亲自出面"劝降"，诱以高官厚禄。叶卓富贵不淫，威武不屈。是年腊月的一天清晨，国民党反动派将叶卓等32位革命志士，杀害于佗城西郊。叶卓就义前，昂首阔步，带头高唱《国际歌》，高呼"打倒国民党！""中国共产党万岁！"北风呼啸，古城悲哀，人们潸然泪下，默默哀悼为劳苦大众的自由解放而洒尽热血的优秀共产党员——叶卓。

叶卓有如蓝关秀水，岭西崇山的高贵品质，将激励着千百万后继的人们，为共产主义事业战斗不息。

（资料来源：龙川县委、龙川县人民政府1991年出版的《龙川英烈》）

骆达才（1901—1931）

1901年，出生于龙川县田心笛田北祠堂角。

1919年春，进入铁场高小。

1921年，高小毕业赴南洋觅路谋生，一年后返乡就任小学教员。

1926年，加入中国共产党。

1927年，整编祠堂角、张下塘、上塔、长坑等村的农军，转入地下活动。

1928年，担任龙川县大塘肚东江游击大队的小队长，进行游击斗争。

1930年，东江游击队编入三十五军的一个团，改任团参谋长。

1931年，因王明错误的"左"倾路线统治我党，在"肃反"时遭杀害，含冤屈死，时年三十岁。

古人说，三十而立，而出身于农民家庭的骆达才，在未届而立之年便开始自行面对一切困难，便开始投身伟大的无产阶级革命事业，便开始奔走在各种大大小小的战役中，而却在而立之年长辞于世。新中国成立了，正胜了邪，达才的冤魂也得以安息。

骆达才，又名芹香，1901年出生于龙川县田心笛田北祠堂角。他是家中独子，父亲是老实巴交的庄稼汉。达才幼年时便勤奋好学，颇受老师的欣赏。1919年春进入铁场高小。在五四运动爆发时，发动同学进行罢课，游行示威，具有极强的组织才能。1921年，高小毕业，因家庭经济困难赴南洋觅路谋生，一年后返乡就任小学教员。1926年，加入中国共产党。开始用其短暂的一生参与革命斗争。1931年，因王明错误的路线统治我党，而遭杀害，含冤屈死，时年三十岁。

达才在1921年夏高小毕业。因家庭经济困难，无法继续升学，只身离家远赴南洋觅路谋生。南洋的颠沛流离生活，使达才切身体会到祖国的积弱，给赤子带来无尽痛苦。在南洋待了一年，便返乡就任小学教员。那时，新思想、新文化在全国普遍传播，海丰农民运动正在兴起，达才受社会新思想影响，思想渐渐发生变化，开始思考整个社会现实。

1925年10月，国民革命军第二次东征取得节节胜利，东征军追击陈炯明残部进入龙川。共产党员黄觉群、黄天泽、邹世骏随军到龙川，改组国民党龙川县党部，并秘密建立中共龙川特别支部，领导工农运动，筹建农民协会。达才被选为农民协会筹备机构成员之一。达才深入农村，发动群众，很快将祠堂角、张下塘、甘陂、上塔、棉羊、长坑等六个乡村农会组织起来。1926年5月，他代表龙母区出席龙川县首届农民代表大会。会后，参加龙川县农运干部训练，并由中共龙川特别支部吸收加入中国共产党。达才入党后，致力于农民运动，发动农民实行"二五"减租斗争。其伯父是封建地主，对减租运动极为不满，自恃财势，扬言若达才不予"通融"，就毁其家产，绝其人丁。达才面对豪强，心志益坚。在农军的支持下，与之进行坚决的斗争，打击了封建地主的嚣张气焰，使各地农民受到鼓舞，减租运动普遍开展起来。

1927年"四·一二"反革命政变后，革命形势逆转，达才根据党的指示，整顿了党的组织，将祠堂角、张下塘、上塔、长坑等村的农军整编为赤卫队，转入地下活动。

1928年2月，黄克、叶卓领导的东江工农革命武装暴动失败后，达才一度失去与党的联系。龙母、铁场地区不少农会干部焦虑不安，甚至有些人走避他乡。达才深入各地，教育农会干部坚定革命信念。不久，达才与党组织取得了联系。根据上级指示，立即召开会议，开展活动，派员张贴标语，揭露国民党右派叛变革命的真相，号召农民团结起来，打倒地主豪绅。

1928年夏，达才离开家乡，活动于骆歧、慕道、径口、长坑一带。不久，与中共五兴龙县临时工作委员会的领导人刘光夏取得了联系。同年8月，参加了袭击大坪、罗口反动团防的战斗。其后，在龙川县大塘肚成立东江游击大队，达才担任小队长。为壮大力量，发展游击战争，达才受命率领小队挺进龙母、铁场等地打击反动土豪劣绅。如有一次龙母圩日，达才率小队挺进龙母、铁场等地打击反动土豪劣绅，缴获枪支弹药及物资一批。还有一次也是龙母圩日，达才所率二十余人的队伍装扮成"国民革命军"，从张下塘大摇大摆开进龙母团防。一举缴获枪械二十余件，显示了他指挥若定的军事天才和过人胆略。

1929年3月，五兴龙县苏维埃政府在大塘肚成立后，达才坚决执行县临委巩固发展苏区的指示，在老家祠堂角亲自主持群众大会宣布成立田心乡苏维埃政府，由骆白三任苏维埃主席。在乡苏维埃支持下，达才的小队伍多次配合赤卫队到龙母、田心打击土顽。不久，达才被调任五兴龙县交通总站长。由于国民党反动派强化保甲制度，给我党地下联络工作带来重重困难。但达才依靠地下党组织，迅速地建起了以大塘肚苏区为中心的纵横千里的地下交通网，把五兴龙苏区、游击区联络起来，保证苏区人员来往和物资运输安全无阻。

1929年秋冬间，达才调任五兴龙游击队中队长。1930年2月，达才率队配合寻乌赤卫军南下川北作战。其后，又配合红五十二团攻打寻乌澄江的战斗。因配合失利，孤军深入，结果失败。除达才率十余人，营长陈必达率二十多人冲出重围外，红五十二团官兵均壮烈牺牲。为稳定军心，鼓舞士气，上级指示，重组五十二团和东江游击大队，由骆达才担任东江游击大队长。澄江战斗失败后，为打击敌人反动气焰，中央红军在重建后的五十二团和东江游击队的配合下，一举攻克澄江。其后，挥师北上再克寻乌城。

1930年10月，东江游击队编入三十五军的一个团。达才初任团部军需长，不久改任团参谋长。12月，蒋介石调集十万兵力，对中央根据地发动第一次"围剿"。三十五军的广大指战员，投入了第一次反围剿战争。在连续作战中，达才直接参加了南桥、石盘背、筠门岭、罗田、油水、小龙、上布、丰田、瑞金、石城、宁都大小战斗四十多次。达才身先士卒，冲锋陷阵，一次肩膀负了伤，但他坚持战斗不下火线，直至战斗胜利结束。

1931年3月，由于王明"左"倾路线统治我党，在组织上实行宗派主义和惩办主义，凡是怀疑、不满、不支持他们错误政策的人，不问情由，一律扣上机会主义的帽子，加以"残酷斗争""无情打击"。这时，红三十五军从宁都移驻东固，进行所谓"内部肃反"，达才被指为"改组派""AB团"而遭杀害，含冤屈死，时年三十岁。

骆达才用其短暂的一生投身于伟大的革命事业，他的业绩永耀人间，英灵长浩天地。党的十一届三中全会之后，沉冤得以昭雪，骆达才被追认为革命烈士。烈士九泉有知，英灵应得以告慰。

（资料来源：龙川县委、龙川县人民政府1991年出版的《龙川英烈》）

崔　兰（1904—1931）

1904年9月8日，出生于山村的一个贫苦家庭。

1926年，以给人扛轿、拉车谋生。

1928年春，参加工人纠察队。

1928年5月，加入中国共产党。

1929年3月，被任命为中共龙川县临委下辖的龙（佗城）老（隆）鹤（市）区的区委书记。

1931年10月，被错作"AB团"分子，杀害于兴宁大坪双头山枫树坑。

在苦难中成长，为挽救人民脱离苦难而参加革命。崔兰，参加革命才4年，但他留给后人学习的革命精神却是千年万年。英雄总是孤独的，光明终将取代黑暗，冤死的灵魂，此后可以安息。

崔兰，男，又名崔如平，系龙川县锦归乡崔屋村人，1904年9月8日出生于山村的一个贫苦家庭，祖祖辈辈靠种地为生。年少的崔兰是在苦难中成长的，迫于生计，年轻的崔兰给人扛过轿，拉过车。1928年春，参加工人纠察队，5月，加入中国共产党，成为一名光荣的共产党员。在1931年，因错被当作"AB团"分子而被杀害，含冤而死。

　　崔兰从小勤奋好学，常为穷人打抱不平，在革命思想影响下，于1928年春在梅县参加了由地下共产党员叶卓、黄水泉组织的，经常活动在梅县、丙村、西阳公下一带的活动，同年5月加入了中国共产党组织。后不久，工人纠察队又与梅城地下党组织取得联系，组织起工人赤卫队，准备配合梅城武装大暴动。崔兰与曾亚桥等十余名纠察队员受中共党组织派遣打入警察局所属的基干队工作，并借此机会侦察敌情，摸清情况，为夺取敌人枪械做好里应外合准备。一天午夜，约定收缴基干队的枪械，但因外援误时，"里应"活动被敌人发觉，敌人立即速捕我方队员，崔兰等被捕入狱。后经梅城工人赤卫队解救出狱。

　　出狱后受党组织的派遣，与叶卓、黄水泉等回家乡崔屋村开展革命活动，主要任务是向农民宣传革命道理，唤醒民众，筹粮筹款，购买武器弹药。同时，秘密组织了有三十多人参加的农民武装队伍。由于当时何屋村乡绅头子何子江告密，并勾结鹤市区自卫队长曾开华以及县自卫大队黄丙才带领反动武装对崔屋村实行多次围剿。为了保存革命力量，1929年1月，崔兰带领突围出来的农民武装转战到迴龙东北大塘肚苏区，与刘琴西、罗屏汉、刘光复等一起组织农会、赤卫队，1929年3月被任命为中共龙川县临委下辖的龙（佗城）老（隆）鹤（市）区的区委书记。

　　1931年10月，由于党内"左倾"错误的影响，崔兰被错作"AB团"分子，被杀害于兴宁大坪双头山枫树坑，年仅28岁，如今被评为革命烈士。崔兰一生是短暂的，却又是光荣的，他为人类解放事业献出了宝贵生命，他的革命精神永远激励着后人，他虽死犹荣。

　　　　　　（资料来源：龙川县委、龙川县人民政府1991年出版的《龙川英烈》）

刘琴西（1896—1932）

1896年，生于紫金县城一个书香之家。

1913年，就读于紫金县立第一高等小学。

1916年，以优良成绩被选送入省城农林学校就读。

1921年冬，加入中国社会主义青年团。

1922年，加入中国共产党。

1923年秋，在紫金县城建立了"广东新学生社紫金分社"。

1932年，回港治病被逮捕杀害，时年36岁。

出身于书香门第，从小受着良好教育，他本来可以拥有更多的名利，但他却把他的一生献给了无产阶级事业。刘琴西，不惧敌人的子弹，不贪敌人的金钱，最后倒在了敌人的刀枪下，浩然正气却永存于世。

刘琴西，原名尔奎，1896年生于紫金县城一书香之家，家中有兄弟姐妹六人。1913年，就读于紫金县立第一高等小学。1916年他高小毕业后，以优良成绩被选送省城，入农林学校就读。1921年，入"广东宣讲员养成所"学习，接受马克思主义教育，同年冬，加入中国社会主义青年团。1922年加入中国共产党。入党后，受中共广东区委派遣，回乡开展革命活动。1923年秋，琴西在紫金县城建立了"广东新学生社紫金分社",开办紫金劳动夜校,为紫金的革命运动培养了一批骨干力量。1932年,因回港治病,被逮捕杀害,时年36岁。结束了他光荣而短暂的一生。

刘琴西,自小个性倔强,接受新思想文化,具有极强的正义感。辛亥革命胜利后,紫金县城掀起剪辫子高潮,年方少年的琴西,在主动剪掉自己的辫子后,还和几个同伴一起手执剪刀,守于县城路口,为进城赶集的行人进行宣传和剪辫。在第一高等小学就读时,曾有两名学生以打破碗碟示意对校方膳食不满,校方竟以开除学籍处分,琴西挺身而出,发动同学反对校方无理决定,遂迫使校方收回成命。在五四运动影响下,他在紫金县城街头演讲,烧仇货,投身反帝爱国运动。

1923年秋,琴西在紫金县城建立了"广东新学生社紫金分社",开办紫金劳动夜校,为紫金的革命运动培养了一批骨干力量。1924年国共合作后,他到广州从事工人运动,在市总工会工作,10月他加入了工团军,在平定广东商团叛乱中,英勇战斗,立下战功。

1925年春,广东革命政府任命琴西为海丰县汕尾市政局长。他到任后,穿木屐走家串户访问群众,群众亲切地称他为"木屐市长"。不久,汕尾市总工会成立,严禁烟、赌、妓"三馆"。他铁面无私、雷厉风行的作风,使汕尾治安面貌迅速改观,百姓称他"刘青天"。不久,琴西调任陆丰县长。是年冬又调任汕头,任东江各属巡视员,到东江各地巡查工作。

广东"四·一五"反革命政变后,琴西的胞弟尔嵩为国民党反动派杀害。为反抗蒋介石的屠杀政策,根据中共广东区委指示,与张善铭、杨石魂等成立中共东江特委,同时发动武装起义。4月下旬琴西回紫金县城,与钟灵、刘乃宏等党员具体研究暴动计划。敌人得知琴西回城消息,四处搜捕,而有些乡的农军接到围攻县城的通知后已提前集结了,因此,琴西等人决定提前于4月26日暴动。25日夜,正当二更时分，突击队员潜入县政府，仅1小时左右便结束了战斗，逮捕了右派县长及其亲信10多人，随后释放了全部在押犯人。5月1日在紫金县城召开万人大会，琴西宣读《起义宣言》，宣告成立紫金县人民政府，主席刘琴西，并兼任县农军总指挥。6月中共东江特委机关转移到中洞，琴西指挥海陆惠紫农军大队在中洞一带流动作战，筹粮筹款，打击敌人。

为接应南昌起义军南下，中共南方局指示中共东江特委迅速组织暴动。琴西率主力攻打陆丰，在当地党组织和农民群众配合下，9月7日攻占大安镇，次日攻占陆丰县城，后与林道文部汇合，17日攻克海丰县城。琴西等决定将海陆丰武装起义时没收来的金银、布匹、粮食、医药品等物资运往中洞等地建立根据地。南昌起义军汕头失利后，10月7日中共东江特委派刘琴西率部到激石溪根据地慰劳南昌起义军，为部队发薪饷、军衣及日用品，送医送药，还筹集了一百头猪和五百担谷补充军粮。11月琴西积极协助彭湃等建海丰县苏维埃政权。18日在海丰县工农兵代表会议上，琴西代表东江革命委员会致辞祝贺。12月广州起义失败后，琴西率表民武装配合红二师、红四师转战在海陆惠紫五（华）地区。在中共东江特委领导下他东征西讨，扫除反动势力，为建立苏维埃政权立下汗马功劳。

1928年2月广东军阀纠集一起进攻海陆惠紫苏区，因敌强我弱，不得不撤出海陆丰县城，转入艰苦的游击战争。此时，琴西来到佗城四甲上印村，与当地党组织一起组织龙川武装暴动。早在3个月前，他以中共东江特委巡视员身份前来四甲，向中共龙川特支成员黄觉群、黄自强、黄天泽、杨复生等传达中共中央"八·七"会议精神，部署组织武装斗争。适逢上印寨成立了"龙川县革命委员会"，目睹龙川革命形势的发展，他深受鼓舞。时值他的房东迎亲，房东又深知琴西是很有文采的人，着意要琴西为他撰写喜联。琴西欣然命笔，为其写下一副寓意双关的楹联："易日乾坤定矣,诗云钟鼓乐之。"表面看是喜贺房东迎亲,实则又饱含着他满怀信心对东江大暴动成功之日的欢乐之情。当海陆惠紫苏区被敌占领后,为保存力量继续开展革命斗争,中共东江特委派刘琴西以巡视员身份到广东东北部山区开展革命活动。1929年1月根据中共东江特委指示,他率先在龙川迴龙大塘肚指导成立了中共龙川县临时委员会和龙川县临时革命委员会,书记叶卓,革委会主任胡燧良。与此同时,建立龙川县游击大队,陈锦华兼队长。刘琴西在叶卓、罗屏汉等陪同下,又多次勘察龙川大塘肚、兴宁二架笔、双头山等地的地形,终于确定了以大塘肚为中心,建立五(华)兴(宁)龙(川)革命根据地。3月,在刘琴西亲临指导下,五兴龙三县工农兵代表大会于大塘肚长塘面召开,到会代表80多人,通过成立闽粤赣边五兴龙县苏维埃政府。推举曾不凡为县苏主席,并将东江、龙川县两游击大队合编为五兴龙游击大队,罗相松任大队长。3月底,五兴龙县苏人员、区委、区联队、乡农协以上干部,于大塘肚举行了一次大型干部会,部署了把游击战火引向北部,实现与江西中央苏区连成一片。为实施这一宏伟计划,刘琴西在会上号召三县党政军人员要认真执行"干部十条守则":工作忙时细心些,遇到问题冷静些,了解情况全面些,解决问题谨慎些,碰到困难坚定些,受到刺激忍耐些,对待革命热情些,处理矛盾灵活些,个人事少做些,别人事多做些。听众无不深受教育。当时,刘琴西、曾不凡等还挥毫赋诗抒怀,刘琴西诗云:"集中设构在今朝,希我同仁共线跑;革命前途无坦路,横磨坚韧雁翎刀。"

  1930年1月五兴龙县苏维埃政府在大塘肚举办党员学习班,刘琴西亲临指导。鼓励党员在这革命形势低潮时期,应不畏环境艰难困苦,斗争尖锐复杂,要坚定革命胜利的信心。为了解决中共东江特委八乡山根据地的经济给养,五兴龙党员干部学习班结束后,县苏维埃政府将筹集上缴中共东江特委的两百元光洋交刘琴西带走，并派区联队队员骆某（绰号"野螺"）深夜护送。当骆某得知刘琴西带的是银圆时，见财心贪，顿起歪心。走到马布圩坑门口要过一道小河时，骆某突然用短棒把琴西打昏在地，劫走银洋，自以为琴西已死，用泥沙将他掩埋在河沟里，随即回队谎报完成了护送任务。琴西被打成重伤，拂晓时苏醒过来，艰难地走到园田交通站，该站设法送刘离开险境。不久，骆某被游击队抓获，处以极刑。

同年，琴西受命到香港，不幸被捕。港英当局又把刘引渡给广东国民党政府。当刘琴西被带上"佛山"轮时，他发现其中有一海员是老相识，便给他悄悄地讲明自己处境。该海员帮他出主意，请差人喝酒，饮得酩酊大醉时，海员又帮琴西化装成一绅士，当船一抛锚便速下船走了。

1930年12月刘琴西任中共闽粤赣特委西北分委书记，坚持在广东东北山区活动。他到兴宁新村南扒主持召开中共五兴龙县党员代表大会，通过成立中共闽粤赣边五兴龙县委员会和改组五兴龙县苏维埃政府。会议选举古清海为书记，县苏主席潘火昌。同时，将三县革命武装力量统编为五兴龙县游击总队，总队长为罗柏松。从此，五兴龙县革命领导中心，由龙川大塘肚转移到兴（宁）平（远）寻（乌）边境的新村南扒。

1931年8月刘琴西奉调前往香港，不久，又调往上海搞地下工作。长期紧张的革命斗争生活使他积劳成疾。1932年中共党组织让琴西回香港治病。回港后，他被原紫金县县长发现，遂勾结港英当局，将刘琴西逮捕，将其押往广州。广东军阀陈济棠对琴西软硬兼施，但他不为所动，反动派阴谋未得逞，最后将刘琴西秘密杀害于珠江河畔，时年36岁。

（资料来源：龙川县委、龙川县人民政府1991年出版的《龙川英烈》）

邹泰安（1905—1932）

1925年，毕业于龙川县立中学。
1925年冬，考入广州黄埔陆军军官学校第四期学习。
1926年，加入中国共产党。
1926年，任新编第二师营党代表，后出任第二十六师七十七团九连连长。
1929年，军校毕业后，供职上海财政部任缉私队连长。
1932年，淞沪抗战的"江湾战役"中，中弹身亡。

27年，这是个多么短暂的一生。27年，又是个多么伟大的一生。泰安，在27岁这个最美年华长辞于世。"出师未捷身先死，长使英雄泪满襟"，我们将永远缅怀着、敬仰着这位革命英雄。

邹泰安，又名冠雄，龙川龙母镇龙寨村人，黄埔军校毕业生，在淞沪抗战的"江湾战役"中壮烈牺牲。1925年毕业于龙川县立中学。1925年冬，考入广州黄埔陆军军官学校第四期学习。在校期间，加入中国共产党。毕业后开始了穷其一生的伟大的革命事业。

1925年泰安于龙川县立中学毕业后，曾在龙母高等小学任教员。时值第一次国共合作时期，经常阅读由共产党人主办的各种报刊如

《广东群报》《向导》《中国青年》等，深受进步思想启迪。是年冬，学校放寒假后，毅然辞去高薪教席，投笔从戎，考入广州黄埔陆军军官学校第四期学习。先编在"入伍生团"，后正式编入政治科政治大队第三队。由于刻苦学习，训练不辞劳苦，积极投身于国民革命运动，在校加入了中国国民党。毕业后，被派往国民革命军中服务，加入中路北伐军第一军第一师任连队党代表，转战于湖南、江西和湖北战场。

1926年9月6日，北伐军第一军第一师经赣北往南进击南昌的孙传芳所部，在友军配合下包围了南昌城。在城内的工人、学生和警备队等配合下，19日第一师占据了南昌城。入城后，按总司令部指示，第一师以各种形式大力宣传北伐军宗旨和国民革命军的纪律。10月孙传芳调兵遣将克复南昌。在这场拉锯式的激战中，第一师几乎全军覆灭，泰安在战斗中负伤。11月中旬北伐军再度攻克南昌，俘敌六七千人，在吉安集训，编为新编第二师，师长叶剑英。泰安调任新编第二师营党代表。在他精诚努力下，该营旧官兵的军纪、军容、军貌迅速改观。不久，调第四军政治部致力于宣传工作，后出任第二十六师七十七团九连连长。

1927年4月12日，蒋介石叛变革命，国民党和国民革命军都发生了激烈分化。5月13日，新编第二师的张克、邹泰安等10多名左派军官，以给师长叶剑英祝贺生日为名，在师部驻地吉安摆酒集会秘密商讨武装起义。逮捕了右派军官并向武汉国民党中央报捷。"吉安事变"后，南京国民党中央监委会于同年7月28日召开第17次常务会议决定：将叶剑英和吉安举义的发动者张克、邹泰安、杜若、魏凌元、王彬、刘世璋、陈世光、丘维汉、楼胜利、吴洁10人"永远开除党籍"；业经南京国民党中央执委会8月5日第112次会议讨论决定，咨请国民政府通缉。邹泰安鉴于被国民党政府明令通缉，便辞去军职，解甲归田，隐居故里。

1929年南京中央军事政治学校招生，泰安应试复出从戎。军校毕业后，供职上海财政部任缉私队连长。1932年1月28日，日本侵略军大举进攻上海，淞沪抗战爆发。上海军民紧密配合国民政府第十九路军奋起抗战达一月之久。是时，泰安任第十九路军第八十八师独立旅二团少校营长，率部于上海江湾顽强抗击日军。2月20日在该部与日军展开激烈争夺的"江湾战役"中，他身为指挥官，身先士卒奋力冲杀，直至献身沙场为国捐躯。

5月8日广州"龙川留省学会"同仁，假座广州新闻学院，隆重举行"追悼邹君泰安殉国大会"。各界知名人士敬献挽联，表达对烈士的深切哀悼和爱国主义精神的崇高敬仰。新中国建立后，龙川县人民政府报请上级部门批准追认邹泰安为革命烈士。

（资料来源：龙川县委、龙川县人民政府1991年出版的《龙川英烈》）

黄明近 (1891—1933)

1891年8月15日，出生于龙川县麻布岗龙湖下村一个贫苦家庭。

1930年，龙池成立党小组，其担任党小组长，并被选举为农民协会主席。

1931年5月，率赤卫队三十七人枪，配合红军部队，袭击麻布岗富商开设的"大成公司"。同年7月16日，为支援红军及解决苏区给养，配合红军游击队绑架地主。

1933年，被捕入狱，惨遭杀害。

明近，出生在穷困潦倒的贫农家庭，生长在内乱外贼的水深火热年代。艰难的生活并未消磨他的意志，反而使他越发自强不息，不惧权贵，投身革命，上阵杀敌，把生死置之度外。明近一生只有42年，但他的深度却超越了这个年限。

黄明近又名绍鸿，1891年8月15日出生于龙川县麻布岗龙湖下村一个贫苦家庭。1930年，龙池成立党小组，他担任党小组组长，开始投身革命。接着被选举为农民协会主席。1931年5月，率赤卫队三十七人枪，配合红军部队，袭击麻布岗富商开设的"大成公司"。同年7月16日，配合红军游击队，到大长沙搞"人质"。1933年，被捕入狱，惨遭杀害，年仅42岁。

明近的父亲是个朴实的农民，母亲是个只字不识的农妇，家中有兄妹三人，家境极其贫寒。少年的明近，只读过三年私塾，便开始跟随父母干农活，谋生计。其父因生病无钱医治而亡，留下一身债务，明近不得不开始出卖苦力，四处谋生活。

生活的磨难，使他变得更加坚强，性格更加倔强。他对地主豪绅疾恶如仇，敢于向权贵做斗争。有一年，地主要加租夺田，他积极串通佃户，团结起来，不与地主耕种，地主怕田丢荒，只得放弃增加地租。在万恶的旧社会，明近吃尽了苦头，扁担和锄头伴随他艰难地度过了青春年华，32岁才娶妻成家。

1930年7月，中共上贝浮区委成立，区苏维埃政府及铁沙龙坪乡苏维埃政府、茶活苏区开展了清匪反霸斗争，实行土地革命，计口分田。同年8月，区委书记张观佑到龙池活动，发展党组织，成立党小组，黄明近为党小组长。接着成立龙池乡农民协会，会员三百多人，选举黄明近为农民协会主席。黄裕春、黄恒君为副主席。9月成立赤卫队，有三十多人枪，并在炮台里设立枪械修理站。1931年5月，黄明近率领赤卫队三十七人枪，配合红军部队共一百多人，袭击麻布岗富商开设的"大成公司"，收缴大批的布匹、食盐及大洋三千八百多元，一起送交红军和茶活苏区。同年7月16日，龙池赤卫队又配合红军游击队，到大长沙搞"人质"，先派赤卫队员侦察地主王日辉、王石华在家情况，然后由黄金海（地下党员）带5个人装作送租谷上门，到达时和隐蔽在门外的赤卫队员一拥而入，一举将王日辉、王石华抓获带回茶活，勒令他两人交出白银1800多元，长枪3支，短枪一支。接着又捉拿本村地主黄家祥做"人质"，缴获稻谷50担，白银900元。把所得粮物和白银全部上交茶活苏区，支援红军和苏区解决给养问题。

1933年2月，由于龙池乡农协会、赤卫队积极配合红军游击队，打击反动派，筹粮筹款，搞得敌人坐卧不安，引起国民党反动派的注意。同年2月的一天，国民党贝岭区署纠集陈济棠部的唐拔团队数百人，突然包围龙池乡的下村，逐家搜查，农协主席黄明近、赤卫队长王金文和赤卫队员十余人被捕，囚禁于贝岭区公所牢房，明近在狱中受尽酷刑折磨，但他坚贞不屈，视死如归，从未吐露革命的半点真情，敌人恼羞成怒，便下毒手。3月15日，在贝岭下镇，明近英勇就义，时年42岁。

（资料来源：龙川县委、龙川县人民政府1991年出版的《龙川英烈》）

刘华五（1899—1934）

1899年，出生于龙川县上坪区青云村一个贫苦家庭。

1915年，青云高小毕业，进金龙经馆专修图文三年。

1924年，加入中国共产党。

1928年，参加了古柏领导的寻乌"三·二五"武装大暴动。

1932年春，与李大添率部挺进拗街，攻占反动乡政府，创建了黄麻布乡苏维埃政府。

1934年9月，被捕入狱遭杀害。

"天下兴亡，匹夫有责"这是众人耳熟能详的古语，可又有多少人会承担起这份责任？自幼生活在贫苦家庭的华五，他却深刻明白这份责任。为无产阶级革命事业，为广大贫苦农民，把个人生死置之度外，从"戎"上阵。

刘华五又名刘五，别号绍宝、罗千，1899年出生在龙川县上坪区青云村一个贫苦家庭。自幼丧父，别无兄弟，童年入村塾。1915年高小毕业，遂入金龙经馆专修图文，字迹工整，能写好文章。1919年，受五四新思潮的影响，村小教席被解除，开始离乡做牛马买卖生意。1924年，加入中国共产党，开始了其短暂而光荣的革命事业，多次游击战中，充分显示了其军事才干。1934年，在佗城狱中，被国民党反动派杀害。

刘华五，在做生意的那些年，结识了该县的古柏、李大添、刘维炉、邝才诚等一批具有进步思想的知识青年。1924年国共两党开始合作，革命政府举旗东征，东江农潮澎湃。第二次东征左路军从兴宁、闽西追击残敌挺进粤北赣南时，刘华五亲耳听到东征军政工人员宣讲打倒军阀，扶助农工，实行耕者有其田的革命主旨，深受鼓舞。当他回到家乡，正值国民党龙川县党部派遣李云山（李为贝岭小参人，国民党左派人士）到贝岭区组建区国民军组织机构和区农协筹备会。刘华五、张观佑、刘昌杰等一批有志青年被提拔为贝岭区农协筹备委员。这批青年朝气蓬勃，工作能力强，米贝、扳昌、青坑、龙湖、阁前、杉坑等乡村农会很快被建立起来，他们领导人们开展"二五"减租斗争。刘华五等还组织上坪纸农建立纸业工会，从而触犯了其恶霸地主叔父刘群鹿的利益，被刘群鹿视为眼中钉，但刘华五的所为深得县特支书记黄党群所肯定。不久，他与张观佑一起被吸纳加入中国共产党。入党后，刘华五更热爱工农，不谋私利，不畏艰险，勇往直前。因繁重的革命工作，操劳过度，刚到而立之年，已是半头白发。

1927年"四·一二"事变后，县国民党右派秉承主子旨意，于秋间策划一次县城反共恶浪，大抓共产党员和县区农会干部，随之宣布解散全县农会农军，停止"二五"减租。这股浊浪涌上上坪，刘群鹿叫嚷要抓刘华五。刘华五已是几个孩子的父亲，有家难回，被迫走避寻乌县，一时失去与龙川县党组织的联系。翌年春，刘华五、刘昌明等一批上坪青年参加了古柏领导的寻乌"三·二五"武装大暴动。大暴动失败后，刘华五潜往寻乌大同、上坪大畲坑一带活动。其时，工农革命进军鹤市也遭失败，龙川全县一片白色恐怖，原活动在黄埔、贝岭、和平一带的"三点会"杨子杰部，因打起过"劫富救贫"的旗号,也被反动派视为共产党的"同党",抽调士兵到处"兜剿"。杨子杰部寡不敌众,被迫化整为零,散藏于江广的边境。古柏探悉杨子杰贫苦出身,为人耿直,讲义气,便委托刘华五进行联系。华五通过杨子杰的原同乡刘国周,双方约在上坪金石嶂古庙内会见。会见中,刘华五向杨子杰阐明共产党的革命主张,晓以大义,杨子杰对共产党开始了解,表示愿意与共产党合作。

五兴龙县苏维埃政府在大塘肚建立后,派人恢复了上坪地区的党组织,指定刘华五筹建上坪通往赣南、兴北、川中和贝岭地带的地下交通站。筹建中,刘华五依靠党组织,很快将三树溪、渡田河、阁前、杉坑、小园畲、吉祥、青化、望天塘、石子荫、四丘田、扳昌等十余处地下交通站建起,为五兴龙游击队,寻乌二十一纵队开展军事活动,提供了方便。

1930年2月,二十一纵队与五兴龙游击大队共六百余人进军上坪、麻布岗一个多月,驻上坪街和麻布岗街的反革命武装闻风先逃。刘华五、张观佑等协助罗屏汉乘机建起背坑下场窝的练兵场。其时,江广边缘人稀,交通闭塞,反动哨所监视严密,为解决练兵场的给养,刘华五呕心沥血,历尽艰难险阻。同年夏,上坪地区革命已成燎原之势,国民党反动派把上坪划为六分区,由"南天王"陈济棠部署一团兵力长驻贝岭,县一个警卫中队坐镇上坪街,任命土顽刘群鹿为分区长,刘国亮、叶茂兰为民团头目。为阻止上坪广大督军参加红军,刘群鹿一伙强迫各乡保购械设立自卫队,将适龄青年编为队兵,日夜操练。那时,刘华五尚未暴露身份,刘国亮委他担任下青坑自卫队长兼训练员。刘华五接任不久,即把自卫队三十多人枪拉上山头,与各村一部分赤卫队合编为五兴龙游击大队,并任副队长。共产党员刘昌明也在上育坑发难,策动该村八十多人枪的自卫队起义,改编为龙川县边境游击大队。刘华五还通过亲戚关系,策划茶活徐香苑自卫队的小队长钟其阵前起义，击毙多名反动恶霸，成立中共上贝浮区委和区、乡苏维埃政府。但茶活苏区刚刚建立，贝岭区地主武装头目钟颂蕉勾结驻贝岭唐拨部一个营，偷袭茶活苏区。那时碰巧连天暴雨，刘华五率钟其部共三十余人扼守桥头，苦战一天，毙伤敌人一百多人，充分显示出刘华五的军事指挥天才。此役甫告结束，活动在寻乌吉潭的一支五兴龙游击大队被人包围多天，无法冲出。刘华五上午接到告急通知，当晚即从篁乡挥师增援，把数倍多的敌人打得溃不成军。此后，刘华五转战赣南粤北，神出鬼没，打了不少胜仗。

1931年夏，苏区"肃反"扩大化，这时刘华五正参与寻乌二区"肃反"工作的领导。一天傍晚，刘昌明等几个上坪战友以"AB团"罪名被抓，将于翌日枪杀。刘华五获悉后，立即找到经办人力陈刘昌明等忠诚为革命。这个经办领导固执己见，决意不放。刘华五却担着风险将刘昌明等人释放，救了战友。

1932年春，刘华五与李大添率部挺进拗街，一举攻占反动乡政府。创建了黄麻布乡苏维埃政府，并乘势击杀阁前乡反动地主，建立阁前乡苏维埃政府。因阁前远离寻南与茶活苏区，孤立无援，苏区乡长惨遭敌人杀害，该红色政权存在时间不长。战后，在逆境中，一些地下人员、赤卫队员的思想较为混乱，脱党离队现象时有出现。面对困难，刘华五心红志坚，多次配合李大添、罗屏汉等部攻打兴龙寻边境的敌人寨堡。为扩大战果，分散敌人兵力。1932年5月，他奉命潜回青坑，布置刘见伦等四名地下人员策划十余群众在图龙下炮楼举行武装起义，与赶来镇压的刘国亮民团激战三天，弹尽援绝，虽遭失败，却大大地激励了粤赣边的红军士气。此后，刘群鹿对刘华五更恨之入骨，悬赏三百光洋要华五的头。上级为了他的安全，调任其为兴龙县游击队副大队长，黄鹤楼任他的秘书，活动在兴龙寻边境，队伍很快扩充到一百余人。

1933年3月，刘华五、李大添部配合红军罗贵波部八百余人攻占上坪街，将刘国亮、叶茂兰民团围困在街尾的炮楼内。炮楼快要攻陷时，陈济棠东区第八师两营正规军赶来营救。为保存实力，罗部撤回江西中央苏区，刘华五撤到上坪上青坑高山密林搭起竹棚长住，坚持游击战争。翌年2月，刘华五与钟其等七十余人掩蔽在江头畲，突遭唐拔团和上坪民团三百余人的夹攻，刘华五指挥应战，伤亡很大，并被俘去二十四人，枪杀于贝岭街。刘华五只带领八名战士杀出，潜伏在热水长瑕，处于敌人大包围之中，过着原始生活。为了活命，一天派一战士下山代找刘华五的亲家公求助接济，但亲家公翻脸不认亲，一毛不拔。刘华五大义灭亲，亲自带领几名战士前往袭击，将其年幼的女婿抓获做人质，迫其亲家公交足数百元赎款，才将之释放。

1934年9月底，刘华五撤离上坪，北上参加长征，撤离途中，动员散落地方的游击队员和赤卫队员共六十多人归队转战到寻乌吉潭，与邓龙光粤军发生遭遇战，队伍被打散，刘华五只身走避江西定南鹤子圩，改姓换名在一家伙店打杂工。其时，鹤子圩党的地下联络站尚有活动，刘华五通过地下联络站与罗屏汉、李大添等取得联系后，奉命重回兴龙寻边境开展活动。当他潜回老家会见妻小时，即遭刘群鹿布置好的鹰犬抓获，投入佗城狱中。县反动头目抓获刘华五，想从他嘴里逼出同党，以根除龙川"共患"。但敌人打错了算盘，多次提审诱骗逼供，刘华五都嗤之以鼻。敌人无可奈何，便从上坪茶活雇来反动头目徐香苑的媳妇"对质"，指证刘华五率队攻破她家，击杀其丈夫。刘华五自知难免，但不向敌求饶，走回狱中对难友继续进行气节教育。不久，在一个寒夜将晓的时间，国民党反动派对刘华五下了毒手。临刑前，刘华五仰首阔步走向刑场，双目直视东方一轮红日。烈士倒下去了，但烈士的英名将永垂不朽。

（资料来源：龙川县委、龙川县人民政府1991年出版的《龙川英烈》）

古　柏 (1906—1935)

1906年，出生于江西寻乌县。

1920年，就读于广东梅县广益中学，兼任梅县女子师范学校教员。

1925年，加入中国共产党。

1927年，回乡组织农民协会，建立寻乌第一个中共支部。

1928年3月，参加并领导寻乌农民起义，组建游击队。

1929年，任中国工农红军第二十一纵队，政治委员，同年10月组建中共寻乌县委，任书记兼军事委员会主任委员，任县苏维埃政府主席。

1930年5月，协助毛泽东做寻乌调查，此后，前往中央革命根据地工作，先后任中共第四军前委秘书长、第一方面军总前委秘书长。

1931年，任江西省苏维埃政府裁判部长兼内务部长、中央劳动部秘书长、江西省苏维埃政府委员和党团书记。

1934年11月，任闽赣粤边游击队司令员、中央政府办事处秘书。

1935年，中弹身亡，年仅29岁。

"英俊奋发"是毛泽东同志对古柏的评价。古柏，仅仅活了29年，但他为革命事业奉献的一生却是短暂而辉煌的。敌人的刀枪无情，让他殁于风华正茂的年龄；但他的精神与斗志，却激励着一代又一代的人。

古柏，江西寻乌县中和堂背村人，生于1906年2月。少年的古柏学习刻苦，成绩优异。1920年，就读于广东梅县广益中学，兼任梅县女子师范学校教员，投身于学生运动，开始接受进步思想的熏陶。1925年，光荣地加入中国共产党，开始为革命事业奉献一生。1935年，被人出卖，在龙川鸳鸯坑中弹身亡，年仅29岁。

古柏在梅县读书时，寒假回乡度假，经常组织青少年开展读书活动，宣传马克思主义。有一次，他回到家乡，一个长辈对他说："一个政党最初发展时，必定会牺牲不少青年为党铺平道路，才能使党的主义实现。古柏，难道你愿意做共产党的铺路石吗？"古柏坚定地说："愿意！没有铺路的人，哪有康庄大道可走？"

1927年，古柏参加梅县东山中学武装暴动失败后，受党的派遣回到寻乌，继续宣传马克思主义，组织群众，积聚革命力量。他与曾有澜在寻乌创办中山学校，联络进步青年建立革命据点，不到一年时间，就把寻乌县的青年学生和农民群众组织起来。1928年3月25日，古柏率领革命青年学生配合民众武装，举行有名的"3·25"武装大暴动，攻占了寻乌城，砸烂了旧县政权，镇压了罪恶昭彰、民愤极大的反动分子多人，震动了闽、粤、赣边区。由于当时反动武装占有绝对优势，古柏所率领的起义队伍，坚持战斗三个多月，起义最终失败。但是，古柏没有因此而丧失信心，他带着保存下来的武装，转入农村坚持斗争，逐步发展到广东龙川北部山区，先后爆发了茶活、青化的武装起义。

1929年春的一天，古柏率领几百名武装人员在寻乌车头南桥活动，突然遇到龙川、寻乌、兴宁三县国民党武装的包围，多次组织突围不成功，情况十分危急。五兴龙县游击大队部派人回龙川，争取了绿林军杨子杰部日夜兼程前往援救，与古柏部内外配合把国民党武装打垮。经过一段时间的艰苦斗争，部队发展到一千多人，组成中国工农红军第二十一纵队,古柏被任命为纵队政治委员。红军第二十一纵队从建立之日起,转战粤赣边山区,扫荡反动势力,取得一系列战斗的胜利。与此同时,毛泽东率领红四军开辟赣南根据地,抵达寻乌,成立寻乌县工农民主政府。1930年春,古柏被任命为寻乌县苏维埃政府主席兼中共寻乌县委书记。他发动人民群众,推翻封建剥削制度。建立区、乡苏维埃政府、农民协会和妇女解放协会。5月,协助毛泽东做寻乌调查,为毛泽东不朽著作《寻乌调查》一文,做出重要贡献。同时,又在各区建立了列宁学校,发展文化教育事业。同年秋,古柏来到龙川茶活、大塘肚、园田等苏区活动。他到龙川时,在五兴龙县苏维埃政府机关所在地举办的干部学习班里作了一次讲话,强调一个革命干部要把好政治关、思想关、社会关、家族关、生活关,使干部受到教育,增强了对革命必胜的信心,他还深入园田等地巡视,访贫问苦,调查研究,和人民群众广泛接触,亲如一家。

1931年,古柏奉令上调瑞金中央机关工作。曾先后担任中共第一方面军总前委秘书长、苏区中央局秘书长等职务。古柏在此期间,刻苦学习马克思主义,懂得了从战争中学习战争的道理,从而在游击战争中不断摸索新的经验,做出了显著的成绩,为中央苏区的巩固和发展,立下了功劳。

1932年春,古柏与罗屏汉、李大添等奉令赴粤赣边境开辟新区,来到广东龙川细坳,建立黄麻布乡苏维埃政府,并将游击战火引向广东和平和江西定南一带山区。

1933年初,王明把持的临时中央由上海迁到中央苏区后,于2月间开展以反"罗明路线"为名,反对毛泽东为代表的正确路线,即反所谓江西的"罗明路线"。古柏和邓小平、毛泽覃、谢维俊对王明"左"倾机会主义路线进行了坚决的斗争。是年5月,王明等人又策划召开了江西党三月工作总结会议,通过了《江西省委对邓、毛、谢、古四同志二次申请书的决议》，大肆围攻邓、毛、谢、古四同志，指责"他们是罗明路线在江西的创造者，同时是反党的派别和小组织的领袖"，要他们"立即解散"所谓"根据罗明路线而组织的小宗派和小组织，否则立即开除出党。"并对这四位同志实行残酷斗争。在这种情况下古柏没有屈服，始终坚持正确路线，同王明"左"倾机会主义路线做斗争。

中央主力红军长征后，古柏受命留在赣南坚持游击战争，任中央政府办事处秘书，奉令留下坚持游击战争，牵制国民党军队，并坚持领导各根据地的革命政权。中央主力红军撤离赣南不久，蒋介石指挥的三路大军开始进占中央苏区。至11月，整个苏区县城全部陷入敌手。国民党军队对中央苏区进行了残酷的血腥屠杀，大批工农群众惨遭杀害。12月初，敌东路军第三师由瑞金向会昌推进。项英、陈毅领导的苏区中央分局和中央政府办事处，为鼓舞苏区人民的斗志，决定组织力量消灭进犯敌人。于是，项英、陈毅命令：罗屏汉率留守的红二十四师在瑞金的谢坊塘湾岗设伏；由福建独立团在瑞金河东牵制阻击敌人增援；古柏则组织瑞金和会昌的地方武装，在敌人的正面作战。

古柏接到命令后，立即率领300多名赤卫军战士奔赴战场。由于力量过分悬殊，武器又简陋，我方战士死伤惨重。为保存革命实力，古柏当机立断，率领幸存的50多名赤卫军队员，沿闽赣边境，突围转移到了寻乌南部的岭阳山区，与李大添领导的寻南游击队汇合。不久，古柏又接到新指令：中央分局、中央政府办事处以及阮啸仙率领的赣南省机关人员被敌围困在仁风山一带，形势异常危急。古柏与李大添率领赤卫队和寻南游击队，火速赶赴于都仁风山解围。后项英、陈毅及留守人员分九路突围转移，但伤亡惨重。而古柏率领的赤卫队战士大部分牺牲或被打散，收拢队伍时不足10人。为保存实力，古柏决定向敌人力量较薄弱、环境较熟悉的安远、寻乌一带转移。跋山涉水，昼伏夜行，古柏与队员们终于辗转来到了安远与寻乌交界处的一座破庙里。此时，已是1935年2月初。短暂休整后，经秘密打听，获悉在寻乌南边与广东龙川交界处附近有游击队活动。古柏决定，先派几个队员前去摸探虚实。大约过了七八天，前往打探消息的队员回来报告说，在龙川县境的上坪鸳鸯坑附近，有一支号称"五兴龙游击队"的队伍在上青坑一带秘密活动，并已与五兴龙游击队联系上，这次同去的另几位队员被暂时秘密安排住在鸳鸯坑一空置纸厂竹棚下。

　　古柏在中央工作时，曾多次被派往龙川苏区指导工作。他十分高兴，当晚召集队员们开会研究，决定分头行动：李大添负责留守，与队员们继续寻找突围失散的红军游击队战士；古柏则率领几个队员，到龙川联络五兴龙游击队。奔波了五六天，古柏一行于2月底顺利来到了上坪鸳鸯坑。鸳鸯坑，地处赣粤两省交界处，距赣南寻乌中和墟及龙川上坪街均30余里，属上坪区上青坑乡辖区内的一个偏僻林区，是粤赣两省"三不管"地带。这里重峦叠嶂，修竹林立，是附近青云、青化等村民制造土纸的传统场所。在鸳鸯坑半山腰，有几栋简易的竹草棚，这是纸厂工人的住所。在一栋竹棚里，古柏见到了先行到达的几位游击队战士，虽分隔时间仅有几天，但战友异地相逢，大家仍有隔世相见之感。古柏随即决定住下，立即派人秘密打听龙川地下党组织和五兴龙游击队失散人员的下落，为安全起见，古柏不敢暴露身份，白天组织游击队员们在山上学文化，晚上则到各山头纸厂工棚里发动群众，日夜不停地奔波着，还派队员秘密潜入青化、青云及迴龙附近乡村，探听五兴龙游击大队队员的下落。一天晚上，古柏与刘邦开、刘亚伏两位队员到山背一个叫赤米畲的纸厂做工友的思想工作，也想趁机在那里洗个热水澡，只见工棚中只有工人一人，打听后方知其他工人回家去了，只剩下这个名为王应湖的工人留守，古柏等人乘机对他进行革命宣传教育，王对古柏等人的配枪十分感兴趣，古柏还热情地教他如何使用枪支，王应湖一度试探问：枪支能否借予他用几天？旋即遭到刘邦开的拒绝，谁曾料想，这为鸳鸯坑的红军游击队埋下了巨大的隐患。

王应湖是龙川县上坪区青化乡人，"一辈子都在家耕田"，是一个好吃懒做的"二流子"。他对红军游击队的宣传教育根本听不进去，反而"一心想发财"，产生密报领赏及夺红军战士枪支的恶念。一天，王应湖挑纸到上坪街卖完后，主动到上坪乡公所找到乡长王敬卿，密报了在鸳鸯坑有红军游击队活动的情况。他说："我在赤米畬做纸时，每晚都有三三两两的红军来纸厂洗澡。他们都有驳壳枪，还教我怎样开枪……"。王敬卿第一次并没有理会王应湖，随后王应湖又将此事告知地主王福均，两人再次来到乡公所找王敬卿几人商量，后决定叫来县警卫队驻上坪小队长黄居成，一起商量围剿鸳鸯坑红军事宜。

1935年3月6日，农历二月初二，天还未亮，黄居成率领的县警卫队驻上坪小队与黄卓率领的县警卫队第二小队的50多人，分别由王应湖和王福均带路，直扑鸳鸯坑。鸳鸯坑纸厂住地的哨兵，朦胧中发现山下隐隐约约的人影后，马上鸣枪报警，古柏又及时指挥战士们向后山突围，才避免了全队覆没的惨剧。不幸的是，在敌人的密集弹雨中，古柏因掩护战士突围而不幸中弹牺牲，另一位正在理发的廖姓红军战士也不幸牺牲，其他红军战士则安全突出重围。

前些年古柏殉难地所在的龙川青化村委会，发动群众筹集资金，在村委会背后的一座叫草皮岗的山顶，兴建了一座"古柏烈士纪念碑"，供人们瞻仰。

古柏是中国共产党的优秀党员，是粤赣边革命根据地的创建者之一，古柏牺牲后，毛泽东闻讯，沉痛哀悼，1937年曾给古柏烈士家属亲笔题词："吾友古柏，英俊奋发，为国捐躯，殊甚悲悼，愿古氏同胞，继其遗志，共达自由解放目的。" 1984年7月4日，时任中共中央军委主席、中央顾问委员会主任的邓小平，欣然为古柏烈士纪念碑亲笔题写了碑名，并挥毫题词："古柏烈士，永垂不朽！"这充分表达了邓小平对昔日老战友的无限怀念和崇高敬意！

（资料来源：龙川县委、龙川县人民政府1991年出版的《龙川英烈》；陈其明，《古柏龙川殉难始末》，载《红广角》2012年11期）

罗屏汉（1907—1935）

1907年2月，出生于一个生活较丰裕的家庭。

1924年春，考进兴宁县立中学。

1926年10月，加入了中国共产党。

1927年秋，与潘火昌、蔡梅祥、罗文彩等同志一起开展农民运动。

1928年3月，建立了红军第三营，担任营长。

1929年3月，五兴龙县苏维埃政府成立，当选为苏维埃政府常务委员。

1929年10月，任中共兴宁县委书记，同时当选为兴宁革命委员会主席。

1932年，调任中心县委组织部长兼会昌县委书记，邓小平任会昌中心县委书记。

1933年5月，邓小平调离会昌，由屏汉接任会昌中心县委书记。

1933年11月4日，在粤赣省第一次党的代表大会上，当选为中共粤赣省委候补执委。

1935年，在反国民党围剿时，饮弹身亡。

　　生于富裕家庭，却深知劳动人民的艰辛；不愁吃穿，却拿着微薄的俸禄为无产阶级革命事业奋斗一生。罗屏汉同志，具有极强的正义感，具有极高的政治觉悟，以至于甘愿放弃丰裕的生活，投身革命，献身共产党，奔走在大小农民运动和战役中。

英烈篇

罗屏汉，原名夫良，化名伟杰。1907年2月出生于一个生活较丰裕的家庭。屏汉自幼生长在农村，深刻知道劳动人民生活的艰辛，有极强的正义感。他幼年在村中读初小，1924年春，考进兴宁县立中学。1926年10月，加入了中国共产党。开始肩负起共产党人的职责，专心致志地从事伟大的革命事业。开展农民运动，建立赤卫队，进行游击战争……屏汉把其一生都献给了党，献给了革命。1935年，在反国民党围剿中，因叛徒告密，饮弹身亡。

屏汉在读中学时，正是革命波涛汹涌澎湃的年代，他阅读了许多进步刊物，接受进步思想的熏陶，立志为国为民。在学期间，屏汉积极参加学生运动，经常与进步青年曾不凡等一起从事秘密革命活动。1926年10月，加入了中国共产党。同年冬，屏汉初中毕业，翌年春即赴广州。适逢"四·一二"反革命政变后白色恐怖笼罩着广州城，屏汉在革命活动中被国民党侦探跟踪追捕，几经辗转，于5月间受党组织的派遣返回兴宁，在家乡白云村钦文小学以教书作掩护，从事地下革命活动。屏汉秘密组织青年会，传播马列主义，宣传共产党的主张，揭露社会黑暗，抨击贪官污吏的罪行，因而引起反动当局的不满，后为大坪警察局长钟仕良逮捕下狱，严刑拷问。但他坚贞不屈，申明以教书为业，启迪青年，合理合法。钟仕良一伙感到难以下手，便变换手法，加罪屏汉父亲放纵子弟，扬言抓其坐牢。父亲唯恐惹祸，耗费重金，将屏汉保释出狱。屏汉出狱后，父亲劝他"不要搞共产党了！""这样下去，再被国民党抓住，全家会被拖累的。"屏汉说："我行不改名，坐不改姓，为了穷人翻身再被捕，最大我就吞枪！"他毅然弃教离家，专事革命。

1927年秋，兴宁"九三"暴动失败后，屏汉与潘火昌、蔡梅祥、罗文彩等同志一起开展农民运动，组织革命武装，活动于兴宁的大坪、罗浮、罗岗和龙川的赤光、龙母一带山区，很快组织了一百多人的赤卫队。1928年3月，建立了红军第三营，屏汉任营长。同年5月，罗岗反动民团进攻上下畲，屏汉率领全营，英勇反击，打退了敌人的进攻。屏汉经常深入工农群众。以村塾、客店为据点，秘密宣传革命道理，培养进步青少年，先后在兴宁的白云村，三架笔、双头山、黄沙塘建立党组织。7月屏汉到龙川大塘肚村，以同学钟德清家为据点，串联进步青年发展党组织，建立党支部，组织工农武装，开展武装斗争。8月26日，罗屏汉和陈锦华率队二十多人，化装从龙川大塘肚村出发奔袭兴宁大坪警察所和反动民团，一举击毙警察所长等四人，缴获枪弹一批，并乘胜收缴了龙川罗口乡民团的武器。紧接着，屏汉率武装人员直插大信，智擒大土匪头子刘汉西，缴获枪、弹一批，赤卫队的装备得以充实。这一系列的武装活动，震动了兴龙各地，赤卫队也逐步扩大。于是遵照中共东江特委的指示，屏汉率赤卫队开赴龙川大塘肚，成立东江游击大队，由张国标任大队长，罗文彩任副大队长，屏汉任政治委员。不久，镇压了大信石南的土豪王裘古。9月初，屏汉亲自率队处决了横行乡里、作恶多端的伯父罗越仪。9月中旬，又乘夜奇袭罗浮敌人，缴获长枪数十支。游击队打土豪、袭民团声威大振，为开展武装斗争，建立大塘肚五兴龙的革命根据地打下基础。

1928年冬，为了贯彻东江特委关于建立农村革命根据地，实行土地革命的指示，中共兴宁县委召开党的扩大会议，改选了县委领导成员，刘光夏任书记，屏汉、陈锦华等为委员。不久，屏汉和陈锦华在大坪双头山召开了东江北部山区县委委员和武装骨干会议，研究确定开展武装斗争和土地革命等问题，并推举屏汉为北部山区开展革命斗争总负责人。会后，屏汉和陈锦华等在罗带溪、横江、桥背、园田、骆岐、马布、慕道、径口以及赤光、龙母等二十多个地方先后建立了党的基层组织，农民协会和赤卫队亦纷纷建立起来。

1929年3月，五华、兴宁、龙川三县工农兵代表大会在大塘肚召开，成立了五兴龙县苏维埃政府。屏汉当选为苏维埃政府常务委员，负责农运工作。在庆祝大会上，屏汉即兴吟咏："红旗树立大塘红，三县群英集在中，白犬猖狂施虎势，按标打出五兴龙。"五兴龙县苏维埃政府成立后，组建了五兴龙县游击大队，并从中挑选一批武装骨干组成红军独立连，由彭城任连长。其后，独立连扩编为东江红军独立营，彭城升任营长，屏汉为党代表。五月间，五兴龙县游击大队和龙川县区联队，配合寻乌第二十一纵队一部，共四百余人，打垮张英反革命武装，占领罗浮圩，乘胜解放罗浮全境，使寻乌、平远、兴宁、龙川边境分散的苏区连成一片。同年10月，屏汉任中共兴宁县委书记，同时当选为兴宁革命委员会主席。

　　1930年5月，刘光夏率领红五十团在江西澄江战斗失败，当地国民党反动派气焰嚣张，妄图一口并吞红军。在这危急之际，屏汉为了迅速恢复革命武装，扭转被动局势，巩固革命根据地，将澄江战斗中冲杀出来的红军战士及赤卫队队员重新整编组建了东江游击队，由骆达才任队长。11月间，屏汉按照中共闽粤赣特委西北分委的指示，决定把东江游击队及五区联队整编为东江游击大队，大队长为骆达才，政委为曾义生。不久，屏汉和中共闽粤赣特委西北分委书记刘琴西，根据特委指示，又把东江大队和平远、寻乌、龙川的游击队整编为东江工农红军第十一军独立营，由彭城任营长，屏汉任政委，独立营以寻乌为根据地，开展武装活动。1931年1月，屏汉参加五兴龙党代会之后，奉命调往寻乌留车，负责独立营的工作。8月，独立营扩编为独立团，彭城任团长，屏汉任政委，坚持粤赣边区的游击战争。

　　1931年党的六届四中全会召开之后，王明"左"倾冒险主义路线统治了全党，党内肃反扩大化，实行"残酷斗争，无情打击"，使各革命根据地的党组织受到严重的损失和危害。1932年2月，团长彭城不幸被杀害，屏汉奉命调往会昌任县委常委，组织部长。不久，邓小平任会昌中心县委书记，屏汉调任中心县委组织部长兼会昌县委书记。7月，江西省军区指示成立作战分区，会昌中心县委成立第三作战分区，屏汉兼任第三作战分区政治部主任。1933年5月，邓小平调离会昌，由屏汉接任会昌中心县委书记。6月4日，屏汉任粤赣军区政治部主任。

1933年8月16日，中央政府人民委员会决定成立粤赣省，9月6日在会昌彭径召开七县代表会议，成立粤赣省苏维埃政府，大会选举钟世斌、刘晓、张云逸、张瑾瑜（屏汉爱人）、罗屏汉等三十五人为委员，钟世斌为主席。11月4日，在会昌林岗坝陈屋祠堂召开的粤赣省第一次党的代表大会上，屏汉当选为中共粤赣省委候补执委。

此时，蒋介石对中央苏区的第五次"围剿"已经开始，大兵压境，中央苏区面临极大的困难。为了牵制闽粤敌人的兵力，罗屏汉在闽粤赣边区进行游击战争。11月间，屏汉率队离开会昌筠门岭，直插寻、平、兴、龙边境，遏制军阀陈济棠部北上江西夹击中央红军。屏汉抵达广东边境后，旋即指挥部队摧毁交通线，先后烧毁了五华三多齐和龙川登云鱼子渡两座公路大桥，切断粤北通往江西寻乌的交通要道，有效地牵制敌人北上"围剿"中央苏区的兵力。

1934年7月，由于中央苏区红军执行了完全错误的伪军事路线，因而未能粉碎敌人的围攻，红军遭受很大损失，中央苏区日益缩小。这时，粤赣省委召开了扩大会议，毛泽东指示"扩大游击区，向安远、寻乌发展，向兴宁一带创造游击区，扩大白区工作"。7月间，屏汉率领赣南挺进队一百多人，到兴宁、龙川革命根据地发展游击战争，使兴宁、龙川边境游击战争得以恢复。7月底，屏汉亲自率领二十八名游击队员，从黄陂出发，经龙川径口分两路直插大坪，攻打上下大塘的民团和乡公所，因配合不当，反遭大坪反动民团包围，屏汉指挥部队英勇突围，撤出大坪退回龙川径口。后来，屏汉率领赣南第一挺进队到龙、寻边境的黄麻布、江广一带与当地赤卫军一起，进行游击活动，在驻守寻乌河坑径和耙齿沥时，被陈济棠部队包围，经浴血激战，队长李大添、政委万寿先后壮烈牺牲，仅四、五十人突出重围，与兴龙县委驳壳队联合行动，整编为兴龙游击队，以古汉忠为队长。

1934年10月，主力红军北上长征，屏汉奉命留在赣南坚持斗争。屏汉受命于危难之际，为了钳制敌人，保存力量，重新组建了红军挺进队，突出外线活动。主力红军撤出苏区后，进剿中央苏区的敌人先后占领了宁都、瑞金、于都、会昌等县城，中央革命根据地全面陷入敌手，留下坚持斗争的红军部队面临危亡的险境。遵义会议后，党中央电示中央分局，"反对大兵团作战的方针"，"应在中央革命根据地及其周围进行游击战争"。中央分局根据中央指示，接受了陈毅的意见，将部队分九路向四周突围。周建平所率红军七十团一部三百余人，从会昌向南突围进入龙川上坪后，与屏汉取得联系。屏汉与周建平决定将这支队伍分为三个大队，第一、三大队留在上坪活动，屏汉、周建平率第二大队进入寻乌岭峰。第二天，即被国民党军队包围，屏汉率队奋力突围，左肩负伤，将部队撤到黄陂新村。

这时，兴龙边境形势极为险恶，广东军阀陈济棠派出两个师的兵力，围困兴龙一带边境。敌人在龙川、兴宁、五华、平远、寻乌等地的苏区、游击区处处屯兵设卡，层层封山围剿。面对艰难的局势，屏汉与周建平等研究决定，将第二大队又分为三个小队，分别突围。屏汉做好部署后，带队直插罗浮上畲，攻击反动民团失利，被迫退到寻乌河峰畲，又因叛徒出卖，八位同志不幸牺牲，队伍撤回黄陂时仅剩下七人。7月6日晚，屏汉带领队伍抵达大坪二架笔，敌人尾随又包围上来，这时屏汉决定分两路直插龙川，连夜到了龙川径口，另一路到

了园田大周塘。因叛徒告密,在径口又被敌军包围,屏汉组织突围,许多同志牺牲了。屏汉身上已负伤多处,带着警卫员潘秉星且战且走,撤至大坪洛洞时,又被敌击至重伤。警卫员潘秉星亦已挂花,他要求背着屏汉继续突围。屏汉说:"你背我,两个人都死,不如你先走,我掩护你。"潘秉星不肯离去。这时,屏汉深情地望着多年生死与共的战友,严肃而又恳切地命令说:"能保存一个就一个,快走!"在屏汉的再三催促下,潘秉星含着满眶泪水,忍痛离开了屏汉。屏汉"砰!砰!"两枪,把敌人的火力吸引过来,边打边退。最后,屏汉佯装倒下伏于地上,敌人以为他中弹牺牲向他扑来,屏汉猛然挺立,向敌人大喝一声,射出最后一颗子弹,留下一颗子弹从容自饮。

屏汉牺牲了,但他为党、为革命、为人民的高贵品质,却深深地印在了我们的心中,屏汉同志永垂不朽。

(资料来源:龙川县委、龙川县人民政府1991年出版的《龙川英烈》)

罗 嘉（1920—1941）

1920年9月，生于广东龙川铁场丰林岗村一个富裕家庭。

1931年，就读龙川二中附属高级小学。

1936年秋，初中毕业，考入龙川一中就读高级中学。

1937年秋，不满于龙川一中的沉闷气氛，到梅县重新考取梅州中学。

1938年4月，加入中国共产党。

1940年暑期，高中毕业后，北上参加新四军。

1940年，分配到军部文工团担任一十分团的分闭长。

1941年1月12日，在"皖南事变"中，中弹牺牲。

21岁，本该是个怎样的年纪？有点小清高？有场小恋爱？有个学上？可罗嘉，却在21岁人生好像才刚刚开始的年龄，为革命献出了自己宝贵的生命。无论用何种方式都悼念不出我们的悲痛之情，新中国的成立，人民的解放，这也许是对革命英雄最好的悼念。

罗嘉，又名昆石，1920年9月生于广东龙川铁场丰林岗村一个富裕家庭。在家中排行老四，他是封建地主家庭中的叛逆者，富有极强的正义感，同情贫苦大众。1931年，就读龙川二中附属高级小学。

1936年秋，初中毕业后他考入龙川一中就读高级中学。1937年秋，考到梅州中学就读。在读书期间，罗嘉关心国家大事与民众疾苦，阅读了许多进步书刊。1938年4月，加入中国共产党，随后参加新四军。1941年1月12日，在"皖南事变"中中弹牺牲，年仅21岁。

罗嘉，自幼读书勤奋刻苦，成绩优异，深受老师和同学们的喜爱。随着年岁增长，罗嘉耳闻目睹社会现实，日益关心国家大事和民众疾苦。当他听到共产党领导工农红军万里长征，北上抗日，便购阅进步书籍，并与同学刘志文、张文元等发起出版《铁笛》刊物，针砭时弊，鼓励青年探索真理，寻求救国救民的道路。

1936年秋，罗嘉考入龙川一中就读高级中学，由于不满于龙川一中的沉闷气氛，便到梅县重新考取梅州中学。其时梅县城已重建了共产党的组织，县城各阶层，特别是青年学生抗日救亡运动如火如荼。在这种形势下，罗嘉的思想发生深刻的变化，从不满社会现实进而认识到中国的出路，首先须唤醒民众，有了民众的觉醒才无敌于天下，才能打败日本侵略者。他看到日本飞机在祖国上空横行作恶，轰炸梅县机场，更加怒火中烧。不久，罗嘉参加了"梅县学生抗敌后援会"，投身抗日救亡宣传工作。先后到过大埔、蕉岭、平远等县的乡村，开展抗日救亡宣传。他与刘志文、张文元等发起成立"龙川留梅同学会"，出版《韩潮》刊物，撰稿宣传中国共产党的抗日主张，介绍梅县抗日救亡运动情况，激励群众的爱国热情。寒假时，罗嘉等还组织"龙川留梅同学寒假回乡宣传队"，到鹤市等地写标语、画壁画，出墙报，印快报，办识字班和街头演出，向群众宣传抗日救亡道理。

罗嘉思想不断进步，爱国热情很高，引起中共梅城地下党的关注。梅城地下党组织指派学生党员龚池光对他进一步考察，经常帮罗嘉借阅《大众好学》《少年飘泊者》《八月的乡村》《大众生活》等进步书刊。龚池光还介绍罗嘉参加"学抗会"骨干学习班，使其接受马列主义教育，思想得到升华。1938年4月，经龚池光介绍，罗嘉加入中国共产党。

罗嘉入党后，将全部精力投入抗日救亡工作。1938年暑假，父亲写信要他回家订婚。罗嘉回到家里，不待父母开口就婉言谢绝女方。他说："国家兴亡，匹夫有责。国难当头，成家不是时候，况我年少，学业未成，过几年再说吧！"为避免父亲唠叨，他走避朋友家里住了几天，便悄然返回学校。

1939年1月初学校放寒假时，罗嘉又组织了"龙川留梅同学寒假回乡宣传队"。他带领同学们背着行李、道具，跋山涉水到登云、通衢、华城、仁里、紫市、金鱼、龙母、永和、石坑、桥头、铁场、谷前、茅畲等圩镇、乡村和当地进步青年宣传抗日救亡。罗嘉还带领这支队伍回到自己老家铁场，利用农民早午收工时间办识字班，教儿童唱抗日歌曲，夜间演出《放下你的鞭子》《保卫卢沟桥》《黄河大合唱》等文艺节目。留梅回乡同学的活动，引起龙川县国民党顽固派的注意。龙川二中反共校长黄振汉说："罗昆石（即罗嘉）这些人年幼无知，受人利用。"并扬言"若再搞下去，就不让他们在二中住宿，把他们赶出去。"罗嘉听闻后，非常愤慨，即上门找黄振汉论理。黄振汉蛮不讲理，硬要留梅回乡同学搬出二中。罗嘉指责黄振汉说："我们出于爱国，自备伙食回乡宣传，是受人利用吗？"第二天，罗嘉等在欢送的群众簇拥下，离开铁场。

1940年暑期，罗嘉高中毕业后，由党组织安排，与刘志文、陈衍胜、李民增、徐道华一起，北上参加新四军。新四军部驻地云岭，为长江南岸的贫困山区，军部是借用的民舍，生活异常艰苦。罗嘉入伍后，先到军部教导队学习二十天。学习结束后，被分配到军部文工团担任一十分团的分团长。

1940年秋，由叶挺军长率领的新四军不断发展壮大，威震南疆，并创建了苏北、皖南等多块抗日根据地。新四军的不断发展壮大，不仅使日本侵略者胆战心惊，同时也令国民党顽固派坐卧不安。

1940年10月19日，何应钦、白崇禧致电八路军朱德总司令、彭德怀副总司令和新四军军长叶挺，诬蔑在敌后坚持抗战的八路军、新四军"不遵军令""非法越轨"，限令他们于一个月内从长江南北撤到黄河州北。与此同时，蒋介石下令调集部队向长江南北的新四军进攻。

1941年1月4日，叶挺军长率领军部九千余人从云岭出发北移。国民党顽固派竟以七万之众的兵力，将新四军重重包围，发动了震惊中外的"皖南事变"。1月9日，中央电令"军中一切由希夷（叶挺）做主，小姚（饶漱石）辅之，全军应服从希夷命令。"叶挺即行召集会议，号召指战员奋力打退敌人的进攻。全体指战员听了叶挺的动员讲话，万分激动，一再高呼"团结在叶军长的周围！""拥护叶军长的领导！""打退敌人的进攻！"其时，罗嘉所率领的文工团，被临时扩编为营一级的战斗单位。12日，叶挺下令部队分散向四面八方突围。罗嘉坚决服从命令，和战友们一起与敌浴血奋战，直至中弹牺牲。

罗嘉的一生是极其短暂的，但却是光荣而神圣的，他是青年学生的典范，人民的优秀儿子。

（资料来源：龙川县委、龙川县人民政府1991年出版的《龙川英烈》）

陈丽川（1903—1942）

1903年3月6日，出生于广东龙川县通衢镇华城苏茅田村一个贫苦家庭。

1927年6月，毕业于龙川一中，成绩名列榜首。

1927年秋，考入广州"国立中山大学"。

1928年春，转考广东陆军测量学校（公费）。

1930年2月，毕业于广东陆军测量学校第11届地形科，被该校留下任少尉识员。

1934年10月，调离测校，升任广东沙田测丈队技师。

1936年8月，改任广州警察局警士教练所测绘教官。

1937年2月，晋升为广州警察局三等督察员。

1938年，以优良成绩毕业于"抗大"，返回广州，从事宣传、组织抗日救国运动。

1941年8月，转入东江人民抗日游击总队参谋处任参谋。

1942年，调任东江人民抗日游击总队宝安税务总站站长。

1942年夏，在日伪顽军的突然袭击中，不幸中弹牺牲。

  贫穷，并未摧毁他的斗志；稳定，并未侵蚀他的激情。丽川，面对国家灾难，决然辞去稳定的工作，为更多的人安稳，为国家的兴亡，北上抗日，奔走在生与死的边缘。有的人死了他却活着，丽川不幸中弹身亡，但他的精神却永存于世间。

陈丽川，又名陈丽州、陈金滋。1903年3月6日，出生于广东龙川县通衢镇华城苏茅田村一个贫苦家庭。家中有兄妹七人，他为兄长。他自小聪敏过人、吃苦耐劳、生活简朴，得亲友的支持，陆陆续续得到读书的机会。1927年6月，毕业于龙川一中，成绩名列榜首。1927年秋，考入广州"国立中山大学"。1928年春，转考广东陆军测量学校（公费）。面对国家灾难，他辞去广州的工作，毅然北上，在"抗大"学习，于1938年，以优良成绩毕业于抗大，返回广州，从事宣传、组织抗日救国运动。1942年夏，在日伪顽军的突然袭击中，不幸中弹牺牲。

丽川自小便知贫苦农民的艰难，同情贫苦大众。由于丽川天资过人，父亲只盼他来日能"支撑门户"，便全力支持，节衣缩食，决计再给他求学机会。因此，他以优良成绩考入龙川县立中学（今龙川一中）。在学校期间，时值龙川农民运动蓬勃兴起，波及城乡各地。全国规模的五四运动爆发后，他积极参加川中师生举行的各种反帝爱国宣传活动，并在佗城、老隆等圩镇焚烧日货，号召城乡人民抵制洋货，以打击帝国主义对我国的经济侵略。

1926年春夏间，丽川参加川中师生积极配合县内各界及龙川留省学会进行反对贪官——龙川县长陈逸川的斗争。然而频繁的社会活动并没有影响他的学业，他更加刻苦求学，希望自己能有真才实学，以报效国家。他是这样想也是这样做的。他的作业簿和考试卷，在校园内多次被陈列，一手好书法更是出类拔萃。1927年6月，丽川毕业于龙川一中，成绩名列榜首。学校特派"报锣"人员由县城来到他家，敲锣报喜以示祝贺。

1927年秋，广州"国立中山大学"招生。当时的国立大学招生名额，大部分被有权势者占有，剩下少数才由有真才实学者竞争。丽川应考入录。然而，一个农家子弟到省城读书谈何容易？为供丽川入学，家里人除在租佃地里勤耕细作外，二靠借债，三靠拨给他的一点祖尝儒租（宗族社会由上代留下一定数量的田产，以资助后代读书之用）。因家贫房弱，应摊给丽川份上的儒租谷，也受族中权势人士的刁难，未能均等享用。终因家中手头拮据，无法再供他上学，丽川只好在上了半年中山大学后，于1928年春，转考广东陆军测量学校（公费）。在测量学校里，他很注重理论与实践的联系。毕业实习时他不畏艰辛，要求分配陆地三角的测量任务，足迹几乎遍及广东全省。当完成毕业实习任务后，他以测校优秀课员的身份被借调广西测丈人员训练所任技师。1930年2月毕业于广东陆军测量学校第11届地形科，同时，被该校留下任少尉识员达4年之久。任教期间，他对测量技术一丝不苟，精益求精，深得学员好评。

1934年10月丽川调离测校，升任广东沙田测丈队技师。1935年夏，广州市警察局招员，丽川赴考核录为督察员。在职期间因公务关系，结识了广州市警察局长李洁之，遂于1936年8月经李洁之举荐，改任广州警察局警士教练所测绘教官。1937年2月晋升为广州警察局三等督察员。

当陈丽川在广州警察局任职时，中国国内政治形势正处于中国共产党与国民党的国内革命战争向抗日民族革命战争的转变时期。对日军的疯狂侵略，国民党顽固派仍采取"不抵抗主义"政策，坚持"攘外必先安内"方针，压抑人民群众抗日爱国运动。蒋介石的这一倒行逆施行为，激起了丽川的极大不满和愤慨，他利用在警察局工作之便，常与中山大学进步学生（龙川籍）张克明、廖寿煌等秘密联系，将警察局内定的嫌疑对象——中山大学进步学生名单，及时转告张、廖等人，并暗示他们要注意隐蔽，不可过于暴露。

1937年"卢沟桥事件"后，由于国民党军队的节节溃退，沦陷区的千百万群众陷于日军铁蹄蹂躏之下，尸横遍野。素有爱国之心报国之志的丽川，面对时难，更感到"天下兴亡，匹夫有责"。他不想在警察局再干下去了，先将家眷托同乡陈国雄送回老家，便只身投入抗日救亡洪流中。正当丽川苦于报国无门时，他获悉"中国人民抗日军事政治大学（简称'抗大'）"招生，丽川辞去广州警察局职务，毅然北上，迈步在寻求抗日救国的"抗大"道路上。

"抗大"第三期于1937年8月1日开学。由于国民党沿途设置重重障碍，通过中共地下党组织千方百计组织护送，陈丽川与钟坚一起，随同一批革命青年于11月初来到全国抗日救国中心、中国共产党中央所在地——延安。入学报名时，丽川易名为"丽州"（寓意使中华九州皆秀丽之意）。这期全校学员1271人，有三个大队共十三个队，丽州编入第三大队，大队长刘忠，政治协理员李干辉。

由于抗日游击战争需要大批能文能武的干部，在着重学好马列主义基础理论教育的同时，学校更重视军事教育和严格的军事训练生活。刘亚楼、许光达为他们讲授游击战术、军事地形学、单兵战术动作、团以下的战斗组织指挥、队列、射击、刺杀、爆破等军事训练内容。这些课程在丽川入学前的阅历中已有较好的基础，他成为队里成绩优秀的学员。

第三期开学后，各地知识青年仍纷至沓来，抗大校舍则显得十分紧张。罗瑞卿教育长号召全校教职工及全体学员，发挥我军自力更生、艰苦奋斗的精神，往凤凰山自己动手挖窑洞，修盘山公路。通过这一传统教育和劳动锻炼，丽川对共产党和共产主义有了较深刻的认识，树立起跟共产党走，争取抗日最后胜利，在我国建立社会主义制度的坚定信念。光荣地加入了中国共产党组织。1938年，他又以优良成绩毕业于抗大，学校安排他返回广州，从事宣传、组织抗日救国运动。

丽川返回广州后，找到中共广东省委书记张文彬。遵照上级指示，他仍到广州警察局任职。为建立抗日武装力量，丽川积极活动，1938年8月得到广东省动员委员会劳工部同意，举办了"广州市劳工干部训练班"，班主任为李洁之，丽川任教育长，地址在广州文明路原贤思分局旧址。学员发展到400多人，由丽川负责训练班的人事管理、教育、给养等实际责任。由于取得合法地位，全部武器由警察局发给。丽川注意培养革命骨干力量，如朱文仞、朱逸心等人，并通过他们的紧密配合，在劳工干部训练班内建立起中共党组织掌握的秘密抗日武装。同时，他又率领学员到市郊沙河龙眼洞一带挖战壕，搞军事演习等。他还主办《劳工》刊物，并亲自撰稿，大力宣传抗日民族统一战线、抗日救国，用马列主义理论教育班内的骨干分子，提高他们的革命积极性，使全体学员抗日救国情绪高昂，军事训练不怕苦累。学员们到处张贴标语和书写墙标，号召全民抗战，成为一支抗日的重要力量。同时，丽川还亲自去劝导、争取进步人士李伯球、江华及当时的虎门要塞司令陈策等一致抗日。不断将进步刊物（如中共广东省委主办的《收获》）送给进步青年阅读，鼓励他们踏上抗日征途。

1938年10月广州沦陷。中共广东省委机关迁粤北重镇韶关。丽川也率"广东省劳工干训班"学员经肇庆转到韶关来，驻在东河坝。那时，广东省动员委员会已经撤销，李洁之任第四战区总监，将训练班全体人员改编为兵站总监部监护队，丽川任队长，从而解决了训练班全体人员的给养。在北撤韶关时，丽川沿途亲自写抗日救亡的大幅墙标，宣传中共巩固与扩大抗日民族统一战线方针政策，不少有志青年都加入干训班行列。到达驻地整训后，丽川准备把队伍开到敌后去开展游击战争。

1939年春，正当丽川率领监护队（原劳工干训班）内中共的秘密武装迅速发展时，国民党第四战区司令长官张发奎怀疑监护队内有

"异党分子"，强行下令遣散，中断给养，否则，以武力缴械。丽川与中共地下党取得联系后，为保存革命力量，劳工干训班被迫解散了。那时，中共广东省委青委会召开扩大会议，传达中共六届六中全会精神，并动员100多名党员和大批进步青年参加国民党第十二集团军政工总队接受军事训练，结业后分配到各师、团做政治工作。中共党组织在政工总队建立工委会，书记为廖锦涛，由中共广东省委青委书记吴华直接领导。工委提出"努力学习掌握军事知识，改造旧军队"的口号。为此，丽川编入第四战区第十二集团军补训组（组长丘誉，驻粤北翁源县江尾镇）第五野战补训团（驻江尾香泉水）任团政治指导员。不久，中共广东省委书记张文彬秘密来到翁源香泉水对丽川说，准备在这一带建立敌后抗日游击根据地。丽川实地勘测，并绘有马娄山一带的地形草图，向张文彬汇报：马娄山腹地不广，给养困难，回旋余地不大，迂回游击易受敌人威胁。凭着在陆军测量学校时所掌握的数据，丽川建议，不如到罗浮山建立游击根据地（以后为东江纵队游击根据地）更为稳妥。

为在补训团建立秘密的抗日武装，丽川除向全体官兵开展抗日救国的政治宣传外，他趁探家机会，动员了一批家乡的爱国青年陈全添、陈强、陈肋、陈奎文、叶育才、曾亚桥等参加补训团或游击队。为取得合法地位，解决给养问题，丽川曾向第四战区司令部呈报，欲收编连平、忠信一带的大刀队以扩充这一秘密武装队伍（大刀队是一支贫苦农民自发组织的抗日队伍），但终未获准，改由司令部另派员收编。然而，这一行动却引起了团长王辉的不满，竟被其暗中指派亲信副官，企图谋害丽川。幸被朱逸心、陈大添等及时发觉，才免于遇害。由于丽川与团部的矛盾日趋激化，按中共地下党组织指示，1939年6月他辞职离开补训团返回韶关，安排在当地搞统战工作。

1941年春，丽川回龙川见到张克明，两个致力于抗日救亡的爱国青年，彼此均为抗日救亡运动而操劳。当时，老隆师范学校校长叶青天（那时老隆师范于1938年12月被日机轰炸后，已迁鹤市社坑办学）见丽川回来家中，愿以高薪聘任他到隆师任教。丽川却婉言谢绝说："国难当头，民众疾苦呼声先耳，我不想安享高薪，且我现有职在身，谢谢你！"据传闻，在韶关的国民党广东省政府曾派人来追捕他，因此，他不便在家久留，很快又折回曲江去了。

1941年4月国民党顽固派逮捕了在第十二集团军政工总队工作的中共工委书记廖锦涛，以致恐怖气氛笼罩着整个第十二集团军。遵照中共粤北省委指示，凡能在政工总队秘密坚持的中共党员要继续留下，不能再坚持的则迅速转移，或到各地方的中共党组织做地下工作，或到东江人民抗日游击队参加武装斗争。由于丽川在补训团内早已引起国民党顽固派的注视，不便留在粤北地区做地下工作。正当他在徘徊之际，得知张克明要去香港，便欲与他同往。鉴于广州早已沦陷，他们打算从汕头搭船到香港。恰好那时，韶关有位张克明的香港朋友夫妇去广州，便邀张、陈两人同往。一周后，丽川与张克明来到香港。

到香港后，他们一时没找到落脚处，丽川在一平民区租来一个床位安身，他来香港是为了先找中共党组织的关系，再去参加游击队的。1941年8月得到中共香港地下党组织的介绍，丽川来到广东人民抗日游击队第五大队（队长王作尧），后转入东江人民抗日游击总队参谋处任参谋。随着东江人民抗日游击根据地的不断扩大和巩固，随着人民政权的持续发展壮大，为保持东江人民抗日游击总队的给养，抗日根据地的税收已成为根据地革命事业发展的经济支柱。1942年丽川调任东江人民抗日游击总队宝安税务总站站长。税站除筹集游击区军民抗日资金外，还负担对敌占区实行经济封锁、宣传、搜集情报等任务，严禁金、银、粮食、矿产品等战备物资出口，严禁毒品和限制焚化品、化妆品、迷信品等进口，他率领税收工作人员与抗日斗争紧密联系起来，在各税站经常遭敌人围剿、袭击的情况下，他所在的税务站税收收入仍不断增加，除保证本大队给养和上缴总队外，仍有储备。同年夏天，在一次日伪顽军的突然袭击中，丽川率税站人员转移掩蔽，途中不幸中弹牺牲，享年40岁。正是生命熠熠生辉、闪烁光华的年华，他谱写了中华民族独立解放的壮丽篇章。

（资料来源：龙川县委、龙川县人民政府1991年出版的《龙川英烈》）

黄觉群（1879—1941）

1879年11月，出生于龙川县黄布欧江村仙寨一普通农户家。

1905年，毕业于教会所办学校华林中学。

1916年4月，毅然投军后，成为张化如的副官。

1920年，是"宣传员养成所"首批吸收参加学习的学员。

1925年春，在惠州会馆加入了中国共产党。

1926年5月，在县首届农民代表大会上，当选为县农协主席。

1927年底，服从组织分配与叶卓、钟彪等一起组建东江工农革命军。

1941年，病逝于北婆罗洲。

觉群，生于中国风雨飘摇的年代，目睹着此时中国的种种，自小便有救国救民的思想。青年时期投身革命，就在即将要看到新中国的曙光时，壮志未酬，积忧成疾，病逝北婆罗洲。烈士已逝，浩气长存，精神永在。

黄觉群，原名秉杰，又名俊平、日安，1879年11月出生于龙川县黄布欧江村仙寨一普通农户家中。1905年，毕业于教会所办学校华林中学。1925年春，经人介绍，在惠州会馆加入了中国共产党，从事革命事业。1928年四甲、仙寨等根据地遭到武装围剿，此时的黄觉群生活穷苦潦倒，被人举荐成了长期从事华人教育工作的教员。1941年，壮志未酬的黄老病逝于北婆罗洲。

黄觉群，是龙川的革命先驱者，龙川党的创始人，是我党较早的社会主义青年团员及共产党员。他先后担任国民党广州市第五区第五部执委、广东省特派员、中共龙川县特支委书记、国民党龙川县党部第一届执委、县农办农协主席、县苏维埃政府委员等职。为建立和发展龙川党组织、建立革命统一战线，开展工农运动，创建革命政权，组建革命武装力量等做出巨大贡献，是一名杰出的共产党人。

他成长于晚清王朝风雨飘摇的年代，世界列强四面环视中华。国内外爱国志士奋起"推翻清朝，复兴中华"的革命运动风起云涌。黄觉群自小受到影响，心中一直孕育着救国救民的思想。1905年，黄觉群毕业于教会所办学校华林中学，随后与黄惠南四方筹钱将乡里的金兰书院改办成新学，但在眼见就可开课时，以黄少山为首的地方守旧势力前来阻挠并无理干涉，一气之下的黄觉群拿起板凳将黄少山打伤，在封建宗法根深蒂固的年代，觉群简直犯下滔天大罪，也因此开启了他流浪他乡、颠沛流离的时光。

辛亥革命后，觉群回到家乡。1916年4月，邑绅张化如在鹤市组建讨龙军第十旅。觉群英气逼人、机灵又有知识，他毅然投军，很快就成了张化如的副官。但是张部官兵素质参差不齐又缺乏训练，在博罗一役就被龙军打败，黄觉群感觉到跟着旧军队没有出路，便离开前往广州谋生以图后起。他到粤昌旅店做事，粤昌的老板黄雨春是龙川佗城人，在广州经营生意多年，颇有见识、为人谦和、思想也开明，凡东江十属的达官贵人、巨贾商人、青年学生或谋差待业者都愿寄宿到他店中。就连廖仲恺、陈炯明、彭湃、黄强等均为店里常客。因觉群历练有加、谈吐不凡，因此一来二去便与这些熟客互相认识。廖仲恺欣赏其为人便引荐他到惠州会馆任职员，又经黄雨春、黄东江等人资助，在东堤开设客栈兼营车仔业。

1919年五四运动爆发，爱国青年个个振奋，感觉看到了民族的曙光，在运动浪潮中，觉群充分利用自己的车馆，不断向同乡各业工友宣传革命，不断将各处报道爱国反帝运动的报纸杂志寄回家乡，激发了晚辈黄菊南、黄超凡、黄克、黄自强等一批青年。

1920年，陈炯明的粤军在孙中山领导和支持下，从闽回粤攻占广州桂系军阀陆荣廷霸占的地盘，取得广东的统治权。伪装革命的陈炯明为欺骗广东人民，捞点政治资本，特聘北大教授陈独秀来粤任广东省教育委员会委员长。陈独秀到广州后，在他倡导下，由谭平山等人组织广东第一个共产主义小组。至"一大"前后，东江十属的先进分子彭湃、阮啸仙、刘汝崧、张善鸣等参加了这个小组，十属惠州会馆就成了他们革命活动的主要场所。身在会馆任职的觉群便更有机会接触这些革命领袖人物，接触马克思主义。共产主义小组为广泛宣传马克思主义，造就一批开展宣传工作的干部，经陈独秀倡议举办"宣传员养成所"，觉群为首批吸收参加学习的学员。中国共产党在上海诞生后，工人运动迅猛发展，各种新文化团体、进步书刊以及工会、学生会等相继成立。在这股大潮下由觉群等人发起组建了留省同乡会，出版刊物《雷声》，抨击时弊，传播先进思想，为龙川当地青年带来了一股新鲜风气。

1925年春，觉群在惠州会馆加入了中国共产党。同年十月国民革命军第二次东征，觉群等一批龙川籍青年也随军出发负责宣传。觉群等人进驻县城后一边扩大宣传，一边计划筹建中共龙川特别支部。随后在县城气氛稍稍缓和之时发展一批进步青年如黄日初等十余人加入共产党，并建立中共龙川特别支部，觉群担任了书记。1926年5月中旬县首届农民代表大会在佗城召开，觉群当选为县农协主席，并吸纳骆达才、骆均光等加入共产党，还领导农会与当局做斗争。1927年

底特支机构调整,创建了县苏维埃政权,由觉群的房属晚辈黄克担任特支书记和县苏区政府主席,觉群服从组织分配与叶卓、钟彪等一起组建东江工农革命军。1928年四甲、仙寨等根据地遭到武装围剿,情况危急,许多进步分子及共产党员被捕杀,后觉群几经周折辗转到香港、北婆罗洲。年近五十的觉群生活穷苦潦倒,在苦难过后被老板与工友举荐成了长期从事华人教育工作的教员。1941年,革命壮志未酬的黄老病逝于北婆罗洲。英雄已逝,但革命精神永存。

(资料来源:龙川县委、龙川县人民政府1991年出版的《龙川英烈》)

英 烈 篇

李良仁（1899—1944）

1899年，出生于龙川紫市镇黄沙坑村。

1916年，就读于龙川县立中学。

1921年，考入广东陆军测量学校。

1924年8月，被陆军测量学校推荐入广州黄埔陆军军官学校任地形教官。

1930年9月，离开黄埔军校，到惠阳崇雅中学任教。

1933年至1937年，先后出任广东省民政厅第二十六测量大队大队长，广东省财政厅第十二测量大队大队长。

1938年冬，出任中国（重庆）国民政府军令部陆军测量大队上校大队长。

1944年7月，因测区转移，由贵阳返独山途中，因车祸不幸以身殉职。

革命的道路里，劳动不分贵贱，职位不在高低。李良仁，从事着测量工作，奔走在革命的前线，把其一生献给了伟大的无产阶级革命事业，诠释着"蜡炬成灰泪始干"的壮举。他用其一生，给我们讲述着革命人的坚持与毅力。

李良仁，字子存，1899年出生于龙川紫市镇黄沙坑村。家境贫寒，自幼寄养在外祖父家，外祖父支持他完成小学学业。1916年，就读于龙川县立中学。1921年，考入广东陆军测量学校，从此从事地形测量工作。1944年7月，因测区转移，由贵阳返独山途中，因车祸不幸以身殉职。

李良仁，自幼学习刻苦，尤其擅长数学，1921年考入广东陆军测量学校。由于成绩优异，1924年8月被陆军测量学校推荐入广州黄埔陆军军官学校任地形教官，直至1930年9月。期间，从第二期至第七期，历任上尉、少校、中校直至上校地形主任教官。

他为人正直不阿，同情革命。在黄埔军校任教时，常读《向导》《东方杂志》等进步报刊，与校领导李济深、邓演达等过从甚密，执教严谨认真，得军校师生好评。1927年广州起义失败后，邑人曾培霖（共产党人）因涉嫌参加起义被捕入狱。他毅然以黄埔军校军官身份，解救曾培霖出狱，并资助他离开广州到香港。1928年邑人共产党员杨子青因参加农民运动"鹤市武装暴动"而被龙川当局追捕，潜逃至广州。李良仁不顾个人安危，仍以黄埔军校军官身份护送杨子青到香港，并资助他出南洋谋生。

1930年9月他不满蒋介石政见愤然离开黄埔军校，到惠阳崇雅中学任教，担任数学教师。嗣后，他出任广东省民政厅技正兼广州燕塘"广东地政养成所"教官；1933年至1937年，他先后出任广东省民政厅第二十六测量大队大队长，广东省财政厅第十二测量大队大队长。足迹遍及广东各地开展测量业务，并与黄伟史合作测绘了第一幅《龙川县全图》。期间，他热心公益、乐于助人，凡邑人来穗谋职或求学者，当求助于他时，皆尽力相助；为帮助家乡族人度荒，他带头集资兴建福利机构——义仓；1933年他与邑贤名流黄麟书等筹资开办了龙川县鹤市平民医院，此外他还与留穗同乡募捐集资重修广州"龙川会馆"。

抗日战争全面爆发后，他曾回乡任龙川县抗敌后援会主任，奔走全县各地宣传抗日，协助政府编炼壮丁。1938年冬，应国民政府战时需要，他出任中国（重庆）国民政府军令部陆军测量大队上校大队长，奔忙于湘、桂、黔、川等省测绘军用地图，为抗日效力。1944年7月因测区转移，由贵阳返独山途中，因车祸不幸以身殉职，年仅46岁。新中国成立后，因其业绩突出曾先后载入由中国革命博物馆编纂的《黄埔军校史图册》和《黄埔军校名人图鉴》。

（资料来源：龙川县委、龙川县人民政府1991年出版的《龙川英烈》）

张民宪（1920—1945）

1920年9月29日，出生于广东龙川佗城一个贫民家庭。

1931年春，张民宪考入龙川中学预备班就读。

1934年，以"中国的危难"为题，撰文揭露日本蚕食中国的阴谋，以及抨击不抵抗主义。

1935年，在教师命题的《安内与攘外》的论文中，揭露"安内即不攘外"的阴谋，喊出了抗日救国必须一致对外的呼声。

1937年暑假，在佗城小学组织学习班，免费吸收小学生补习功课、教唱歌曲、开展抗日宣传活动。

1938年春，与一些进步青年在"龙川商会"内组织读书会。

1938年8月，经人介绍参加了中国共产党。

1940年2月1日晚，被国民党逮捕。

1940年7月，在中共党组织和爱国华侨营救小组的努力下，被国民党无罪释放。

1942年，参加曾生领导的东江抗日游击队。

1945年1月6日，在国民党狱中受尽非人折磨而壮烈牺牲。

要用怎样的文字才能够概括他短暂而光荣的一生？要用怎样的辞藻才配得上他不朽的人格和精神？张民宪同志的一生是短暂的，却又是不朽的，他带着坚定的信念投身革命，为了革命他几度易名，革命之心至死不渝。烈士走了，精神却留了下来，激励着后继者勇往直前。

张民宪，曾化名张漫天、张仁安、张福生、张清。1920年9月29日出生于广东龙川佗城一个贫民家庭。自幼勤奋好学，文采出众，关心国家疾苦。1931年春，张民宪考入龙川中学预备班就读。1934年，以"中国的危难"为题，撰文揭露日本蚕食中国的阴谋，以及抨击不抵抗主义。1935年，在教师命题的《安内与攘外》的论文中，揭露"安内即不攘外"的阴谋，喊出了抗日救国必须一致对外的呼声，引起了极大的反响。张民宪的这两篇论文不但表现了他对国事的关心和思想敏锐，而且表明了他思想觉悟有很大的提高。1938年8月，经人介绍参加了中国共产党，开始从事革命斗争工作。1945年1月6日，在国民党狱中受尽非人折磨而壮烈牺牲。

1931年春，张民宪考入龙川中学预备班就读。他除了学好功课外经常阅读报刊，在思想进步的教师指导下，觉悟不断提高。同年冬，龙川旅省学生回龙川发动反对日本侵略中国东三省和抵制日货运动。1932年冬，学校爆发了县长邓衍芬镇压学生造成流血事件，全校师生开始反对学校当局奴化专制教育。张民宪在积极参加这一系列斗争的同时，还参加了慰劳抗日义勇军的募捐活动

抗日战争全面爆发后，中国共产党抗日民族统一战线政策传遍全国。消息传到佗城，张民宪兴奋地对他的弟弟说："中国得救了！中国一定能打败日本侵略者！"1937年暑假，他在佗城小学组织学习班，免费吸收80多名小学生补习功课、教唱歌曲、开展抗日宣传活动，身体力行地为抗日民族统一大业做努力。

1938年春，张民宪与一些进步青年在"龙川商会"内组织读书会，集资购书，还将自己家中藏书统统拿出供群众阅读，并定期集中

讨论学习心得，《大众哲学》《唯物史观》《政治经济学》《西行漫记》等是会员们的主要读物。这个组织对扩大中共的政策宣传、提高群众觉悟、传播革命理论、重建中共佗城基层党组织等均起了积极作用。8月张民宪由余进文介绍，参加了中国共产党。不久，在中共龙川中心支部领导下，张民宪发展了5个党员，成立了中共佗城支部，他高票当选为支部书记，这时，他以佗城小学教员的公开身份开展各种革命活动。

当时，虽然实现了国共合作，但在如何引导青年走上正确的抗日道路方面仍存在尖锐复杂的斗争。国民党龙川县三青团头目刘煌，强令佗城小学高年级学生列队"按手指模"参加三青团组织。为此，张民宪事先布置胞弟张民选带头抵制。当学生听完动员报告之后，张民选对大家说："按手指模是要杀头的呀！"率先离开队伍。其余学生一哄而散，以致刘煌的美梦破灭。

1939年1月，中共龙川县委在国民党当局的支持下于老隆师范学校举办"龙川青年自我教育训练班"，张民宪参加了学习。他理论联系实际，在学习班内处处起模范带头作用。2月，中共党组织调张民宪到"东江华侨回乡服务团博罗队"工作。离家前，他在墙上画了一幅一米见方的钟馗像，作为"离家打鬼"留念，随即乘舟沿东江南下惠州，旋转赴博罗，踏上了抗日斗争的新征途。那时，惠州、博罗一带城乡遭日军洗劫后，一片焦土，尸骨到处可见，人民流离失所。目睹这惨状，张民宪立下誓言：不灭日寇，决不还乡。抵达博罗第二天，张民宪被派往博罗象头山下黄田排"游击训练班"学习。学习结束后，他在"东团"博罗队任分队长，改名张漫天。在深入平安、澜石等地活动中，张民宪开展战地救护、为群众治病、兴办夜校、武装群众、演戏宣传等工作，把抗日救亡运动搞得有声有色。

博罗队在抗日救亡运动中的出色表现，激怒了国民党顽固派。国民党东江游击指挥所头目香翰屏、池中宽等诬陷博罗队"勾结土匪准备暴动",指使博罗县长黄仲榆于1940年2月1日晚,逮捕了队长李翼、分队员张漫天等23人。张漫天等人在被押往惠州途中,大唱抗日歌曲,高呼"抗日无罪"口号。在惠州的狱中,他将自己的毛毡让给有伤病的同志,他引用烈士夏明翰的"砍头不要紧,只要主义真;杀了夏明翰,还有后来人"的豪壮诗句,与难友们相互鼓励,保持积极旺盛的斗志。在顽固派企图为所有队员照相留作档案资料时,他带头把头发搞得乱蓬蓬的,并歪头闭眼,使之无法拍摄到真实相片。队员们的正义斗争赢得了国内外舆论的支持,迫使国民党顽固派不得不接受"东团"营救慰问小组进狱慰问难友的要求。狱中他们施行非法审讯,利用叛徒对质,"少数释放,多数上解"等伎俩失败后,只好将被捕人员全部上解国民党第四战区,交余汉谋发落。1940年3月初,国民党顽固派将队员们押送到韶关芙蓉山监狱。那时,由李健行、李翼、刘汝琛、杨凡、杨步尧等五人组成的"干事会"秘密成立,领导狱中斗争。在"干事会"领导下,张漫天积极参加了绝食斗争和"节食抗日"活动。在狱中举行的黄花岗七十二烈士纪念大会上,他担任大会的司仪。大会决定:实行节食抗日,把节省下来的钱用于慰问前方的抗日将士。他们公开揭露国民党顽固派背叛孙中山"华侨乃革命之母"的教导。他们的抗日救国行动,深得当时韶关市进步报刊、开明人士的赞扬和支持,进步团体纷纷前来慰问。

为了更好地坚持狱中斗争,他们还出版了"床头报",张漫天和魏治平(龙川人)合编的"突击"栏目,有新闻消息、抗日战况、生活常识、小故事等内容。起到了鼓舞难友斗志,申明抗日主张的作用。博罗队经过艰苦的狱中斗争,在中共党组织和爱国华侨营救小组的努力下,于1940年7月全部无罪释放。9月16日全体队员安全抵达龙川老隆镇。根据斗争的需要,张漫天被暂时安排留在家里,听候党组织的分配，随后他又踏上了新的革命征途。

1940年9月下旬，张民宪来到了河源三河流洞文明小学，由中共地下党区委书记张其初负责接头。经研究决定，张民宪改名张仁安，到连平太湖寨湖东小学，以教员身份作掩护，开展抗日救亡工作。与校长（中共党员）曾作华一起，通过开办青年夜校、假期下乡帮耕、组织师生旅行等办法，开展社会调查，加强统战工作。在此期间，他根据党的指示和部署。从积极分子中发展党员。到年底，在湖东、弘毅等学校及五果、湖西、倒流水等乡村，建立了中共党支部或党小组，党员人数由5人增至20多人。接着中共连平县工作委员会成立，张民宪任书记。为了提高党员的素质，他主持开办了一期党训班后，以党小组或支部为单位，采用短期集训、分散写学习心得或传阅文件等办法，继续培训党员。

1941年春，中共新丰县党组织遭敌人破坏。当年秋，张民宪以特派员身份被派往新丰，改名张福生。面对恶劣的形势，他毫不畏惧。在新丰福水小学以教员身份作掩护，开展党的工作。他秘密举办了党训班，组织党员学习《〈共产党人〉发刊词》，讲解抗日形势。他创办了中共新丰党组织机关报——《先声报》，刊登中共的抗日主张和抗日战况，揭露反动官僚豪绅贪赃枉法、危害人民的罪行。同时，他还指导各支部、小组办小报，组织街头歌剧队、篮球队，尽量扩大共产党与群众的联系。为了争夺新丰马头地区学校的思想阵地，张民宪与赵准生一起组织教师联谊会，广泛团结教师，宣传中共的统战政策。为了粉碎国民党借"甄别考核"排斥进步教师出校的阴谋，他组织党员教师培训，互学互教，共同讨论难度大的思考题，并进行预测。结果全部党员教师均取得了"师资甄别合格证书"，取得了斗争的胜利。

1942年中共粤北省委遭到破坏。张民宪传达了上级党组织关于

"停止党组织活动"的指示，随即离开新丰，参加曾生领导的东江抗日游击队，上阵挥戈杀敌。

广州沦陷后，国民党广东省政府迁至韶关。孝悌路励群小学旁边四层楼房的"基庐"名曰："中国国民党广东省党义研究所"，实际是镇压共产党人的监狱。

1944年11月初，张民宪等3人在东江纵队执行任务时被掳。这时张民宪已改名为张清。在一群荷枪实弹的敌人监护下，他们面色苍白、脚脸浮肿，艰难地步入"基庐"。张清被宣布为"重犯"，锁上脚镣、手铐，隔离关押。一日狱长杨园国，命令郑重行（广州儿童剧团团长）、赵准生、张民宪等人打扫牢房。乘宪兵不备张民宪与赵准生作了第一次接头，获悉了李燕石（女）等16位同志在重阳节集体惨遭杀害的消息。张民宪深知情况危急，便与他们相约，设法越狱。狱中有10多个少年难友（他们是被集体扣押的广州儿童剧团团员），经过斗争取得了定期放风、节日演剧的权利。张民宪趁放风之机，利用"小难友"作掩护，与赵准生约定，把纸条压在厕所门口破缸底下，互通情报。在那破缸底下，他得到了赵准生等几次的情报和慰问金。张民宪的活动被敌人发觉了。狱长杨园国便公开向"犯人"宣布：不许任何人与"张清"接触和谈话；谁与"张清"谈话一次，加刑半年或一年。然而张民宪并没有因此而停止对敌斗争。他每天晨起，高唱《不到黄河心不甘》《囚徒歌》等歌曲，用歌声鼓舞难友的斗志，争取看守士兵的同情。

张民宪被敌人刑讯多次，每次都被打得皮开肉绽，鲜血淋淋。但鞭子只能打烂他的皮肉，却无法征服他的意志。在狱中他不低头不呻吟，鼓足勇气，与同房的两个难友，以惊人的毅力，硬是用手指在墙上挖洞，挖好用稻草掩蔽，等待时机越狱。

1944年12月31日晚上，狱吏、狱卒大宴大饮，打麻将、闹通宵。

值班宪兵饱醉之后，只顾睡觉。张民宪等3人趁机越过岗哨，飞出了牢笼。不料，走到曲江三河坝，又被国民党外围哨所捕获。

张民宪重被投入狱中，遭到更残酷的严刑拷打，狼心狗肺的狱长杨园国，竟用竹竿伸进监房内，向张民宪乱捅。张民宪竭尽全力站起来怒斥杨园国："我们共产党人以抗日救国为重，倡导国共合作，一致对外，你们不战而退，半壁江山沦为敌手。日军占领香港时，你们逃走了，我们东江纵队挺身而出。抗击日军，抢救文化人、爱国人士和国际友人，包括你们的上司余汉谋的老婆在内。我们站在最前线诚心诚意抗日，才保住你们的脑袋。你们竟恩将仇报！自己不抗日又不准共产党人抗日，该当何罪？你杨园国毒杀人民，坏事做尽，总有一天人民会审判你……"这一席义正词严的话语，将杨园国斥得哑然失声。

此后，张民宪继续经受非人的折磨：重刑之后不给治疗，不准吃饭、喝水；天寒地冻，连仅有的床板、稻草也被撤走，以致生命垂危，奄奄一息。1945年1月6日，张民宪在狱中壮烈牺牲，时年25岁。

（资料来源：龙川县委、龙川县人民政府1991年出版的《龙川英烈》）

黄慈宽（1914—1947）

1914年，出生于广东龙川县佗城的一个贫农家庭。

1936年，毕业于龙川一中。

1938年5月，加入中国共产党，成为龙川县重建党组织后的第一批党员。

1938年8月，组织龙川青年抗日先锋队。

1940年6月，奉命任中共河源县委书记。

1941年下半年，调任中共博罗县委书记。

1943年至1946年，调往东江纵队工作，任司令部政治部统战科长。

1946年，调任中共中央香港分局统战科任科长。

1947年8月，积劳成疾，病逝于香港玛丽医院。

宣传新思想、新文化，却被骂是"反骨"；投身革命，却不被亲朋理解；为贫苦大众博得曙光，却未能给自己个未来；日夜不停地工作，最终积劳成疾，长辞于世。英雄的道路是孤独的，但英雄最终是会被后人铭记与敬仰的，他的精神是永存的，这便是革命烈士黄慈宽。

黄慈宽，原名沙发成，又名黄志英。1914年出生于广东龙川县佗城的一个贫农家庭。父亲是卖糖饼的小贩，母亲是挑担卖苦力的。尽管父母日夜操劳，但还是不能维持一家人的温饱，无奈之下，只好将姐姐嫁给别人当童养媳，慈宽也给舅父做养子，并被改名为黄慈宽。

其外祖父叫黄顺阁，为人正直，疾恶如仇，乡民称他是"宁可饿死也不向富豪低头"的硬汉子。在如此家庭的熏陶下，慈宽也正直不阿，关心国家疾苦，自幼勤奋好学。

因家庭贫寒，黄慈宽十多岁还未上学，但自小显示出过人的胆识与聪慧。客家民系各个宗族一般都留有公田，为供养家境贫寒的学子学习深造。在族人的共同资助下，黄慈宽于1936年毕业于龙川一中。在当时，黄氏宗族们用"津贴"送子弟上学是为了光宗耀祖，巩固其封建势力，岂料，黄慈宽不买他们的账。他初中毕业后，回到莲塘中心小学教书时，积极宣传新思想、新文化，反对封建礼教。因此，被固守传统的有钱有势的族人大骂他"反骨"，说他是不识抬举的"小人"。

抗日战争爆发后，黄慈宽目睹贫苦农民在死亡线上挣扎而地主豪绅却过着花天酒地、纸醉金迷的生活，深感世道的不公。于是，他便以莲塘小学为阵地开展抗日救亡宣传活动。他发动进步师生，捐款购买了《大众哲学》《中学生杂志》《列宁主义问题》《世界知识》等500多册进步书刊，在校内"文昌阁"办起了一个图书室。这个图书室一出现，就有力吸引着全校师生和附近的知识青年。在邻校教书的进步教师余丁运和刘春乾，也经常来借书阅读，寻求革命真谛。黄慈宽擅长文艺，运用这一长处向学生教唱《大刀进行曲》《延安颂》《黄河大合唱》等抗日歌曲，组织宣传队深入村镇演出《放下你的鞭子》等戏剧，唤起师生、民众抗日救国的热情。

黄慈宽在莲塘小学任教期间，白天坚持教学工作，晚上组织社会宣传，亲自演讲，亲自扮演角色，总是热情洋溢地活跃在群众之中。经抗日救亡活动的实践和锻炼，他逐步成长起来。后来，在中共南方委员会派来的麦文的培养和考察下，他和余丁远、刘春乾一起，于1938年5月加入中国共产党，成为龙川县重建党组织后的第一批党员。

中共龙川党组织重建后，黄慈宽是党组织的领导成员之一。他曾先后担任中共龙川中心支部书记、龙川县委书记、龙川中心县委组织部长、河源县委书记、博罗县委书记。东江纵队政治部统战科长、中共香港分局统战部统战科长等职。

1938年8月，黄慈宽参加中共广东省委举办的党训班学习回来后，即着手准备组织龙川青年抗日先锋队。这是中国共产党领导下的青年群众组织。在筹建龙川青年抗日先锋队过程中，他经常深入圩镇乡村，开展动员组织工作，1939年2月龙川抗先队总队成立时，他被选为总队的领导成员之一。

1939年春，龙川抗先队在佗城老隆区、鹤市区和铁场龙母区分别建立了四个区队，抗先队员发展到近三千人。为了更广泛地动员组织群众开展抗日救亡工作，黄慈宽等以龙川抗先队名义，在全县各地普遍建立了"读书会""姊妹会""妇女夜校识字班""青年读书小组"等群众组织。利用这些组织开展抗日宣传和文化教育，推动各阶层群众抗日救国，使整个龙川的抗日救亡运动搞得有声有色，抗日的歌声响彻高山深谷，救亡的墙报、标语贴遍圩镇、乡村。

在此期间，黄慈宽主持了"龙川青年自我教育班"的训练工作。从筹备到开办，从日常军事、政治训练到作战演习等，他都朝气蓬勃，身先士卒，成为学员的表率。他平易近人，常与学员谈心，使训练班办得既团结紧张又严肃活泼。通过办班学习的考察，他从中吸收了一批学员加入中国共产党，为后来龙川开展武装斗争培养了一批骨干力量。黄慈宽群众基础好，人缘广，善于做统战工作，在他的努力下团结了一批国民党上层爱国民主人士。

抗日战争爆发后，他主张抗日，拥护国共合作。黄慈宽抓住这些条件，团结了张化如，动员他资助筹办了老隆平民医院，并接受中共龙川县委意见，在医院内附设了战时救伤班，培养了一批医护人员。当时的《龙川日报》社亦设在平民医院内。这样，便有力地促进了抗日救亡运动的开展，团结了上层爱国民主人士，孤立了顽固派。

  从1938年下半年至次年5月，黄慈宽是中共龙川党组织的主要领导人，那时，龙川抗日救国政治形势十分喜人。在上级党委领导下，黄慈宽卓有成效地做了三件事，一是办好中国共产党组织的地下联络站，用公开合法名义创办《龙川日报》和"青年书店"，还帮助地下党员叶惠南在老隆镇开"均益"杂货铺，这是地下党组织的联络站。一面公开经商，为地下党组织提供活动经费，一面接待上级党组织的领导干部、情报交通员往来食宿，使一批精干党员能以职业作掩护，从事交通情报工作，确保中国共产党的各项指示、方针和政策畅通无阻。二是坚决执行了中共广东省委关于扩大和发展共产党组织的指示方针，先后建立了三个党的区委会，几十个党支部和小组。龙川中学、金安中学、老隆师范、铁场中学均发展了党员，建立了共产党支部或小组。使全县党员由重建党组织时的3人，增至130多人。三是批准和安排了一批共产党员参加国民党的乡长、保长的竞选，建立了"白皮红心"的政权，从而使莲塘、涧洞、永和等国民党乡级政权，掌握在共产党组织手中。

  1939年冬至1940年1月，国民党反共反人民的面目越来越暴露。龙川县长邓鸿芹下令停办《龙川日报》，解散龙川抗先队，强令中山大学战地服务团和东江华侨回乡服务团龙川分团撤离龙川。面对反共逆流，黄慈宽支持中共龙川党组织做出的两项应变的决定：一是坚持斗争。以"快邮代电"形式，发表《告龙川各界人民书》，公开揭露国民党反共反人民的罪行，有力地打击了他们的反动气焰。二是有组织有计划地撤退、隐蔽。一方面将抗日团体从国统区撤退到抗日前线的敌后地区坚持活动，另一方面将身份已暴露的共产党员转移到邻县工作，未暴露的党员则就地分散隐蔽。由于黄慈宽坚决执行上级党组织的指示，采取了上述果断措施，为共产党组织保存了一大批优秀干部。

1940年6月，黄慈宽奉命任中共河源县委书记。在河源黄村小学以教师为职业，由女教师共产党员严慧玲负责掩护。他一面努力搞好教学工作以取得群众的支持、信任；另一方面秘密指导各区委和基层党支部开展工作。

1941年下半年，黄慈宽调任中共博罗县委书记。妻子严慧玲负责县委妇运工作，夫妇俩并肩战斗，深入石湾地区抗日前线，组织群众、武装群众，给日军以沉重打击。

1943年至1946年，黄慈宽夫妇调往东江纵队工作，黄慈宽任司令部政治部统战科长。1945年夏，黄慈宽和严慧玲奉命随东江纵队邬强部队从罗浮山向粤北挺进，途中与国民党军和地方土顽遭遇。日夜行军打仗，给养困难，有时靠吃野菜、喝山泉水充饥，伤病员日增，处境十分困难。严慧玲又在战斗中负重伤，光荣牺牲了。但黄慈宽并没有因此而悲伤不振，相反，他更坚强不屈，继续英勇战斗。

1946年春节前夕，东江纵队司令部派黄慈宽率电台组到九连山区工作，并向坚持武装斗争的九连山人民自卫总队传达国共双方会谈纪要《双十协定》。他到达佗城老家时，由于身体非常瘦弱，关节炎发作，双脚红肿，不能走路。这时，佗城又驻满敌军，危急之际即派其胞弟沙发香与地下党员叶惠南联系，找到地下党员刘振光，带电台组人员在余丁运家暂时安顿下来。第二天黎明前，黄慈宽雇来一台轿，坐轿率电台组人员安全到达目的地。于是，九连山人民自卫总队通过电台与粤北指挥部取得联系。后来除留下部分人员坚持斗争外，部队由彭沃率领与粤北兄弟部队会师，6月30日北撤山东。东江纵队北撤后，黄慈宽调中共中央香港分局统战科任科长，住在一座被日机炸烂了的楼房角落里做工运工作。1947年夏,他因长期夜以继日地忘我工作,积劳成疾,患了胃癌,在香港玛丽医院医治无效,于当年8月病逝,时年33岁。

为缅怀和表彰黄慈宽对中国共产党和中国人民解放事业做出的重大贡献,1957年,龙川县人民政府决定,经上级部门批准,追认黄慈宽为革命烈士。

(资料来源:龙川县委、龙川县人民政府1991年出版的《龙川英烈》)

英烈篇

李 荣（1875—1949）

1875年，生于龙川通衢镇桃子坑村。

1909年，在家乡桃子坑发动革命暴动，因事情败露，以失败告终。

1912年元旦，中华民国临时政府成立，受命临时中央政府副官职。

1917年，随孙中山北伐。

1949年，广州解放后回家，同年11月病逝于故里，终年74岁。

  生于贫农家庭，跟随孙中山先生搞革命，74岁病逝故里。似乎短短的几行字便能概括李荣的一生，但他的革命情怀和斗志却是用笔墨写不尽的。忠于革命，忠于孙中山先生，忠于国家，最难得的是这一个"忠"字，最令人敬佩的也是这个"忠"字。

  李荣，又名观妹，别号华亭，外号李亚奀，1875年生于龙川通衢镇桃子坑村。童年念过私塾，因家境贫寒，青年时期就去广州谋生。因1896年孙中山先生在伦敦蒙难时曾全力营救而闻名一时，从此，与孙中山结下不解之缘。1912年元旦，孙中山就职中华民国临时大总统，李荣受命临时中央政府副官职。1917年，随孙中山北伐。1949年，广州解放后回家，同年11月病逝于故里，终年74岁。

李荣，其性憨直，敢抱不平。1896年孙中山遭清廷通缉流亡英国，而被清驻英使馆诱禁，并欲将孙装于大木箱运回中国后加以杀害。李荣听闻这一消息后，万分焦急四处奔走求援营救。后在他的几经努力下通过各种渠道求得孙中山在英国的老师康德黎鼎力救助，遂将孙保释脱险。孙中山对此颇为感念，随后便一直让李荣跟随左右。在随后的相处岁月中孙中山发现李荣为人忠诚，甚得孙中山赞赏与信赖，并认李为义子。从此，李荣声名鹊起，并离开远洋轮一直跟随孙中山奔走革命。1909年清宣统元年，李荣在孙中山先生革命思想的影响下曾独自回到家乡桃子坑发动革命暴动，但因事情败露遭到阻止，以失败告终。1912年元旦，孙中山就职中华民国临时大总统，李荣受命临时中央政府副官职，仍贴身负责孙中山的安全工作，当时孙中山先生赠予他一把宝剑。1917年李随孙中山北伐，在陈炯明叛变后，为保护孙中山先生的安全组建了"侦缉队"，李荣就是其中一员。1923年孙中山讨逆陈炯明于石龙途中遭遇突发情况，依然是李荣等人机智勇猛极力掩护，这才得以成功逃离，安全返回广州。李荣几度置自己的生死不顾，在千钧一发之时安全救出孙中山，在共同经历生死磨难后，孙中山与李荣成了生死之交，情谊深厚，1925年跟随孙中山北上直至其逝世。

嗣后，李荣一直在北京碧云寺为孙中山守灵，至1929年夏，亲护孙中山棺柩移葬南京紫金山。与此同时，李荣受命中山陵陵园管理处少将副处长。抗日军兴，国民党首都迁陪都重庆，李荣孤身回粤，曾出任广州水泥厂警卫队长。1949年广州解放后回家乡，同年11月病逝于故里，终年74岁。

李荣身材魁梧、仪容威严，他逝世后乡人们还时常议论李荣不仅多次营救孙中山先生，还被孙中山收为义子，胸挂"少将"军衔，其身份够显赫，但终未获高官厚禄，仅是个管理中山陵园的副处长，但职小官衔大（少将）。作为孙中山革命的忠实拥护者，在开始时他兴许不知道革命为何物，但做人的真诚、内心的清明与责任感让他一次次让孙中山转危为安，借此还结下了深厚的"父子情"。尽管职小衔大，但其光荣事迹仍为龙川后人所津津乐道，也许不能说李荣生前所做的事情有多么的伟大，但至少孙中山作为革命先驱，李荣对他的忠诚与精心守护无疑为革命历史留下了不可忽视的一笔。

让我们铭记这位官衔大职位小的孙中山的忠实卫士，他正是龙川人。

（资料来源：龙川县委、龙川县人民政府1991年出版的《龙川英烈》）

魏 强（1925—1949）

1925年，出生于龙川县龙母镇白石村一个贫农家庭。

1947年2月，参加了"龙和人民义勇队"，并任班长。

1947年，加入中国共产党。

1949年，在大人山战斗中牺牲，年仅24岁。

  魏强，自幼成长在贫苦家庭，目睹着贫农生活的艰苦与不易。投身革命三年，却参加过五十余次大小战役，不畏，不惧。24岁，中弹牺牲，是天妒英才，还是子弹太无情？我们会铭记这位伟大的革命烈士，他的精神会被一代代人学习。

  魏强，1925年出生于龙川县龙母镇白石村，他在贫苦家庭里长大，自幼养成了吃苦耐劳、艰苦朴素的作风。1947年2月参加游击队，同年4月参加中国共产党，历任班长、排长、连长，曾参加过大小战斗五十多次。他领导的队伍具有很强的战斗力，曾被评为"机枪英雄连"。1949年1月，在大人山战斗中牺牲，年仅24岁。

  1947年2月14日，经地下党组织介绍，魏强参加了"龙和人民义勇队"，并任班长。同年秋，中共九连工委派他回龙川黄石山区组织武工队，搞经济给养，扩充兵员。不久成立了"龙川人民义勇队"，下设河南队，魏强任队长。1948年9月，将河南队编入广东人民解放军粤赣边支队第三团，改称为云南队，魏强任中队长。魏强在部队里，处处以身作则，吃苦在前，享受在后，爱护战士，团结同志，坚决执行人民军队的"三大纪律、八项注意"，因此，每到一地群众都非常欢迎他。

1948年春，国民党反动派拼凑联防队，向我九连山区进行残酷的大扫荡，我游击队的水陆税站遭到国民党反动派的封锁或破坏，断绝了我们部队大部分生活补给。当时，魏强带领河南队活动于黄石山区和车田、贝墩、长塘、下车、四都、东水、铁场、龙母、赤光、岩锁、贝岭等地，常常一天吃不到一餐稀饭，只能以番薯、野菜、竹笋充饥。面对困难，魏强带头忍饥挨饿，分到一碗稀饭也让给伤病员吃，自己则吃一点野菜。6月下旬，部队在贝岭山区活动时，由于几天没有吃到一粒米，每个同志都疲劳不堪，魏强看在眼里，记在心上，他亲自深入群众，耐心做群众的思想工作，得到了乡亲们的热情支援，将田里半熟的稻子提早收割后加工成米，送给部队，从而解决了部队断粮断炊的燃眉之急。1948年10月，粤赣边支队取得了白马战斗胜利，缴获了敌人大批武器弹药和其他军用物资，部队决定给每个干部战士添制一件衣服，另外给连级干部每人做一件棉衣。当棉衣发下来后，魏强看到战士的衣服单薄，天气又冷，就把自己的棉衣让给体弱的战士穿，自己则穿仅有的两件单衣。魏强事事处处想着战友，使战士们深受感动。

每次战斗，魏强都冲锋在前，退却在后。他沉着勇敢，有勇有谋，即使在敌强我弱的情况下，他也能临危不惧，沉着应战。1948年4月间的一天拂晓，国民党龙川县警大队集中各区的联防队，共约六百多人，向驻在牙沙嶂东面的柳村、西面的上营两个地方的川中人民义勇队广州队进攻。同时，派出县警一百五十多人，牵制合击当时驻在牙沙嶂西面大庙尾的河南队。当河南队哨兵发现敌人时，敌人已占领了左侧的制高点。魏强得知后，立即命令部队占领有利地形坚决顶住，自己亲自带领一个班迂回到制高点右侧，从山崖峭壁爬上去，出其不意，对敌人突然猛烈射击，把敌人打得晕头转向，当场毙敌一人，伤敌二人，接着，魏强猛吹哨子，并大声命令："同志们!冲呀！"他带头冲上去，敌人摸不清虚实，狼狈逃跑了，我部则没有任何损失。

1948年6月下旬，敌人向我九连山游击区进行疯狂的扫荡。一天晚上，活动在车田嶂背大畲仔的河南队，接到交通站送来的情报说，贝岭、赤光的敌联防队与和平县的县警队向车田嶂背逼近。部队即向东坝墩方向转移，结果却误入敌人的伏击圈，忽然枪声四起，尖兵班和敌人接上了火。当晚夜空漆黑，距敌甚近，敌人说话都听得清楚，稍不镇定，就有可能全部被敌人消灭。在这紧急关头，魏强非常沉着冷静，果断地命令部队停止前进。他随即带着通讯员来到尖兵班前面观察和了解敌情。然后，命令尖兵班掩护，其余同志迅速撤退，由于他机智果断，部队化险为夷，趁黑夜安全撤出了敌人的包围圈。

1948年11月29日的鹤塘战斗，当时三团各连为伏击国民党保卫团一个加强连和一个缉私排及他们护送的走私船队，在鹤塘山区的东江两岸埋伏，桂林队在正面打阻击，珠江队断后路防敌逃跑，九江、云南队迂回打侧面。当桂林队正面主攻打响后，九江、云南队向敌人猛烈开火，分兵合击。此时，敌人发觉中我埋伏，组织轻重武器拼命向正面和侧面反扑，战斗非常激烈，敌人乱作一团，指挥也不灵了，魏强抓住这一战机，立即命令云南队全体战士迅速跃起冲锋，打得敌人鬼哭狼嚎。可是，魏强大腿负伤，鲜血直流，他用手帕简单包扎一下，拄着拐杖，继续指挥战斗。同志们见他鲜血染红了整条裤腿，劝他赶快下火线，但他却大声说："不要管我，赶快消灭敌人，不要让敌人跑掉！"他忍痛和同志们一起冲锋，但由于受伤过重，流血过多，完全走不动了，便坐在大树下，但仍继续指挥战斗，直至战斗结束，才让卫生员敷药包扎伤口。

  1949年元旦过后，支队司令部命令全体指战员响应党中央的号召，为彻底扭转全区战局而奋斗。不久，支队司令部获悉国民党保十三团第二营和第一营三连共七百多人，配备新式武器，从河源护送一支船队沿东江而上。支队决定以东江岸边大人岭山为截击点，消灭敌人。1月9日夜，东二支主力第三团各连队按支队命令，依时进入大人岭附近山地掩蔽待命，直到11日上午10时多，仍未见敌人，部队干粮吃光了，时值严冬，又下小雪，战士们衣着单薄，在深山密林里潜伏时间长了，会影响战士的身体健康，因此，部队开始撤出该阵地。11时左右，正准备撤出的云南队所在的三团，忽然接到哨兵打旗报告，发现敌情。经侦察，发现敌人从西岸摸索前进，同时发现船队溯江而上。魏强立即召开战地会议，决定一面派人向指挥部报告敌情；一面指挥云南队战士迅速运动到敌阵左侧，占领那一带的高地，堵住敌人，中午12时左右，敌人发现我们后迅速抢占大人岭主峰和两侧的制高点，凭借其有利地形和优势火力，企图顽抗到底。云南队离敌人最近，首先与敌人展开激烈战斗。不久，兄弟部队迅速赶到，将敌人包围起来，形成关门打狗之势。云南队和九江队猛攻右翼保十三团第一营第三连，并全歼此敌，缴获机枪、步枪和弹药，使部队装备得到了补充。敌人非常顽固，战斗非常激烈，从下午战至黄昏，我军虽多次发起进攻，但均未奏效。后来，云南队和兄弟连队，组成了突击队，准备天黑后发起总攻。傍晚6时多，魏强带领李青等九位同志从东江河边东面的丰山峭壁上爬上敌人所占领的主峰阵地，配合南面的珠江、九江、桂林等兄弟连队的突击队，从四面包抄敌人，敌人龟缩在山顶，我军猛掷手榴弹，顿时在敌阵中四面开花。紧接着，突击队冲进敌阵与敌人短兵相接，经过一番格斗、厮杀，消灭了保十三团一个营和一个加强连，缴获了大批武器弹药和军用物资，胜利结束了这场战斗。不幸的是，在这次战斗中魏强英勇牺牲了。战斗结束后，支队司令部在河源上莞举行了隆重的祝捷庆功和公祭烈士大会。并将魏强等烈士安葬在上莞。战友们化悲痛为力量，踏着烈士们的血迹，继续英勇奋战，终于取得了解放战争的彻底胜利。

（资料来源：龙川县委、龙川县人民政府1991年出版的《龙川英烈》）

欧阳珍（1923—1949）

1923年2月，出生于广东连平县大湖区三角乡百兴围村一个农民家庭。

1939年，年仅16岁，离家到香港去做工。

1947年7月，结识曾坤延，开始为部队提供情报和散发传单。

1947年，加入游击队，编入"连和边区人民武装义勇追击队"，并担任班长。

1948年3月，金溪、东河、三角等民兵队合编为一个中队，欧阳珍任副中队长。

1948年冬，被评为"战斗模范"。

1949年7月，升任连长。

1949年7月，在解放龙川龙母墟的战役中，中弹身亡。

  欧阳珍，贫农家的孩子，为了贫农的幸福生活奉献了其宝贵生命。24岁投身革命，25岁评为"战斗英雄"，26岁中弹身亡。短暂的斗争生涯让人嗟叹，而英雄的事迹却令人难忘，三年中他奔走于各大小战场，奋勇杀敌，只是为了处于水深火热中的广大民众。他满载一身荣誉，却在新中国成立前夜光荣牺牲。

  欧阳珍是中国人民解放军粤赣湘边纵队东江第二支队（以下简称"东二支队"）著名战斗英雄、"钢铁连"连长。他的英名曾为东二支队的指战员们所敬仰，他那赴汤蹈火、浴血奋战的顽强战斗精神和模范事迹，赢得了广大人民的称颂。

欧阳珍，1923年2月出生于广东连平县大湖区三角乡百兴围村一个农民家庭。自幼家境贫寒，初小后便挑起了家庭生活的担子，常挑农副产品去别的地方兜售。1939年，离家到香港去做工，由于战争的影响，百业凋零，于1944年返乡。回乡后又开始做小本买卖，但经常亏本，导致家庭更加拮据。1947年7月，结识曾坤延，开始为部队提供情报和散发传单。1947年，他加入游击队，开始为革命事业奉献其短暂而光荣的一生。

坎坷苦难的生活道路造就了他坚韧的性格，黑暗残酷的社会现实使他萌发了追求真理、推翻腐朽社会制度的念头。1947年随着全国解放战争形势的迅速发展，地处粤赣边界的九连山区也建立了人民武装队伍。是年夏，游击队攻打忠信区公所，震动了忠信、大湖地区，也振奋了欧阳珍那压抑已久的心情。7月，他佯作往九连青州收购黄豆，认识了游击队的曾坤延。从此，他与曾坤延常秘密联系，为部队提供情报和散发传单。当时，地主欧阳达三，曾气势汹汹拿着九连游击队警告其家人勿再作恶的传单，硬说是欧阳珍传抄张贴的，竟将其一顿毒打。当晚，遍体鳞伤的欧阳珍翻来覆去睡不着。他深知，再不能待在家里等死了。翌日清晨，他毅然离家到九连青州投奔游击队去了。参队后，被编入"连和边区人民武装义勇追击队"，并担任班长。为迅速壮大队伍，欧阳珍和战友们奔走大湖、忠信等地，以筹集枪弹和串联发动青年参军。不久，"追击队"改称"鸿雁队"，欧阳珍升为排长。他领导开展"反三征"活动，打击反动官僚、地主，缴获枪弹物资大批，一次次地出色完成任务，受到部队表彰。

1947年11月间，游击队攻打地主庄院"阳隆和"。欧阳珍先化装侦察，巧取情报，为拟定作战方案提供了重要依据。战斗打响后，他率队插入院内，与顽敌展开巷战，很快取得了胜利。不久，"鸿雁队"与国民党广东省保安第五团一个连在伏船嶂发生遭遇战。他率全排战士抢占山头侧击敌人。敌装备精良，继续相持对我不利，为避敌锋芒，他急中生智，一面组织火力猛射，一面吹响冲锋号把敌引过来，以减轻正面部队的压力。该排战士多是新兵，首次参战，欧阳珍在前沿阵地往返指挥，既当指挥员又当战斗员。等到下午3时，援兵赶到，反守为攻，击溃敌军。

1948年3月11日，国民党军队进剿大湖，纵火烧屋，洗劫财物。为迎击敌人的再度进犯，欧阳珍和曾宗等分头到各村整顿民兵组织，动员民兵重返战斗岗位。经发动，将金溪、东河、三角等民兵队合编为一个中队，曾宗任中队长兼指导员，欧阳珍任副中队长。

4月，国民党重兵进占游击区，并实行严密封锁，造成部队给养相当困难。欧阳珍深入各排、班开展细致的思想教育工作，鼓励战士坚定信念，战胜困难。为动摇军心，敌人对游击队家属严加迫害。欧阳珍家被洗劫一空，房屋被烧毁，父亲被抓去坐牢，母亲则备受折磨，但他强抑怒仇悲愤，不但未影响自己的情绪，反而更耐心做好其他战士的思想工作，稳定了战士们情绪。由于部队组建不久，新兵居多，违反群众纪律的事情时有发生，对此，他除心平气和耐心教育，讲明部队与百姓的鱼水关系，而且更重身教。一次，他不慎打破了向同乡借来的一只碗，除照价赔偿外，还在连队作自我批评，他的模范行动使战士们深受教育。又一次，部队在河源黄沙驻营，他把身上仅有的几块钱，送给一个双脚溃烂的老乡治病。由于部队给养困难，他总是吃苦在前。部队发衣服，他让战士们先去领。有个战士体弱衣单，他悄悄回家与其女商量，将妻子的羊毛衣拿给那个战士穿。他关心战士胜似亲人，战士们亲切地叫他"阿珍哥"。

1948年冬，部队转战到东江沿岸，向敌人展开猛烈的军事攻势。粤赣边支队司令部号召部队开展杀敌立功竞赛运动，欧阳珍担任了

"火线立功参党班"副班长。每次战斗前他都写下遗书,并将自己的日记本和钢笔交给上级领导,随时准备献身。他本可使用手枪的,但仍背"三八"枪和战士一起冲锋。12月28日鹤塘战斗中,他率队正面阻击敌人,展开白刃战。在兄弟连队配合下,全歼敌一个连,缴获物资一大批。他被评为"战斗英雄",并在火线上光荣加入了中国共产党。同时,他所在的桂林一中队被评为"钢铁连"。不久,他又获"模范连副"称号。12月23日的骆湖、大坪战斗中,在桂林队处于不利的形势下,他指挥前沿部队阻击以掩护大部队后撤。待后撤部队组成反包围后,他又率全连战士猛杀回马枪,而兄弟连队又在左右侧阻击,化被动为主动,使敌人进退维谷,死伤累累。由于他这次率队阻击立功,又被评为"战斗模范"。

1949年元旦,欧阳珍率队开展练兵活动,想在新的一年里为人民立新功。此时,突然传来其父被国民党反动派残酷杀害的消息。他强咽悲愤不流泪,仍像往常一样在火线上冲锋陷阵。1月11日河源大人山战斗打响了,因地形不利,几次冲锋均未奏效。国民党保安第十三团企图与粤赣湘边纵队东江第二支队决一死战。欧阳珍与排长曾超常率钢铁连40人参加了肉搏团。趁黑夜冒敌人密集炮火直冲山顶,与敌开展肉搏厮杀格斗,然而,在这次战斗中他第三次负伤了。当战斗胜利结束后,他又一次荣获"战斗英雄"称号。自大人山战斗后,他身体多次负伤而消瘦体弱,领导给他好药治病,他婉言谢绝说:"我只是瘦些,好药留给重伤员用吧。"频繁的行军打仗,他的鞋底磨穿了,部队换新鞋时,他又把新鞋让给战友,自己却动手编草鞋穿。行军途中,他又常为年少体弱的战士背米袋、扛弹药等,深得战士们称赞。

1949年7月,欧阳珍所在连队改编为中国人民解放军粤赣湘边纵队独立第四团一营机枪连,他升任连长。7月24日独立第四团在龙川公安总队配合下,打响了解放龙川龙母墟的战斗。国民党龙川县自卫大队龟缩在墟侧的葛布岭邓屋,倚仗该屋有坚固的楼阁,又居高临下,以密集的炮火封锁屋前的开阔地。独立四团指挥员曾组织过几次猛烈火力攻击,以掩护战士们冲杀,均未奏效。为尽快解决战斗歼灭顽敌,26日,指战员们纷纷要求组织"敢死队"。独立四团一营组织了三个突击组,每组15人。第一组由钢铁连连长欧阳珍任组长。为避免正面攻击,三个突击组在邓屋右侧埋伏,伺机用地雷轰开缺口;龙川公安总队从屋的左侧匍匐前进,突施火力猛攻,一时打得屋内敌人难以招架。27日凌晨,独立四团趁敌被打得疲劳之际,再次连续发起攻击。在火箭筒、轻重机枪火力掩护下,欧阳珍率突击组战士迅速前进,抵屋檐下,以地雷爆破把三间层墙炸塌,紧接着三个突击组战士冲上两个炮楼和大厅,展开一场殊死的肉搏战。经过几十分钟的格杀,敌大队长的大腿被打伤就擒,并歼俘敌人共三百多名。然而,在屋内的冲杀、奋战中,欧阳珍等6位指战员牺牲了,另有10多人受伤。28日粤赣湘边纵队领导人在龙母大圹村中心小学操场召开数千军民的祝捷与追悼大会。会上欧阳珍烈士被授予"战斗模范"光荣称号。8月1日龙川县人民政府在老隆举行万人大会,隆重悼念欧阳珍等6位烈士,依欧阳珍烈士遗愿,将他遗体运到老隆安葬(1958年移葬龙川县烈士陵园山上)。

9月10日、11日,中共粤赣湘边区党委机关报《粤赣报》以"敬礼!欧阳珍同志"为题,报道了他的生平事迹,悼念这位年仅26岁就为革命英勇献身的战斗英雄,称赞"欧阳珍"是我们的模范,他是东江人民的优秀子弟,他是优秀的中国共产党党员。

(资料来源:龙川县委、龙川县人民政府1991年出版的《龙川英烈》)

LONGCHUAN MINGREN
龙 川 名 人

坚守茶活炮楼的十八烈士

有时英雄称谓属于个人，也有时英雄称谓属于整个集体，当弥漫的硝烟、熊熊的烈火、悲壮的歌声以一幅鲜活的画面存在于被救出的群众脑海中时，就注定了坚守茶活炮楼的十八烈士将以集体的形式让人民铭记，茶活炮楼十八烈士应冠以"英雄集体"的荣誉称号。

1930年，赣粤边区的龙川县上坪茶活村建立了苏维埃政权，邻近的梅坑、龙田、龙池、龙湖、阁前、吉祥、青坑、渡田河和江西寻乌的黄沙都属茶活苏区的范围。茶活山村，山高林密、地阔人稀、有回旋余地，是极其理想的革命根据地。1933年，蒋介石发动第四次反革命"围剿"，中央苏区进行着十分激烈的反围剿战斗，茶活苏区区乡政府分设在茶活村徐屋和刘姓的独脚炮楼。黄清鼎是一名出色的共产党员，任上贝浮区区长兼铁龙坪沙乡乡长。徐瑞祥、钟维四、刘石金任副乡长，均是有才干能办事的革命者，亦是土生土长的茶活人，这便于他们在当地开展革命活动。8月8日傍晚，兴龙县一个游击队吃完晚饭，分队长钟其布置好哨岗，便与区乡政府人员和赤卫队员席地而谈。将近十点钟时，突然接到龙湖交通站派人送来的情况，告知明天有敌人进犯，为了做好准备工作，钟其带领小分队战士组织群众撤至围心寨、企壁山掩蔽，赤卫队员和区乡干部把守炮楼，号手钟宝才也留在炮楼吹号助威。8月9日清晨，以陈济棠第十八路军一个主力团为核心组成的龙川、兴宁、和平、平远、焦岭和寻乌、定南等数千名反动武装，配备了重机枪，火炮等武器，分三路围剿茶活苏区。围剿开始没多久，几十个敌人便开始从炮楼对面山上猫着腰窜到山脚，凭借竹篱笆的掩护向炮楼靠近。在临近炮楼五十米处，赤卫队和苏区干部突然射击，几个敌人应声倒下，其余的狼狈窜入无人居住的小屋。随后，敌人又发起了多次的进攻，都被我方的火力压了回去。敌人眼见炮楼屡攻不下，便在炮楼两侧远远地架起了火炮，连发数十炮，炮楼被击中四弹，两尺多厚的石墙被炸开五尺宽的大窟窿。敌人端着机枪向炮楼冲来，眼明手快的赤卫队员邝阳，拿着仅有的七九步枪把缺口封住。共产党员黄亚美和三个壮年群众，用钉上湿棉胎的床板和门板迅速将洞口塞好。敌人见此方法攻不下炮楼，转用重机枪交叉扫射，炮楼瓦片尽落，楼内烟尘弥漫，守楼的战士都睁不开眼睛，大批敌人在机枪的掩护下迅速从四面包围过来。战士们用竹竿奋力拨开烟雾，尽力看清前方，与敌人相持对射，敌人跑上山腰朝炮楼窗口扫射，无情的子弹穿入黄亚美的小腹，血流如注，但他用顽强的毅力支撑躯体，拿着步枪继续战斗。区长黄清鼎见此状况劝他先包扎伤口，但他却说："我只要还有一口气，就要战到底！"炮楼久攻不下，气急败坏的敌人打出了两颗烟幕弹，想在烟雾的掩护下接近炮楼。二十多个敌人趁着黑烟逼近炮楼挖楼墙，企图破楼而入。靠墙休息的黄亚美听到用铁棍敲石的击打声，他小声告诉正在照顾他的钟伯，钟伯用眼神示意赤卫队员，赤卫队员拿着事先准备好的火药，悄悄地下楼，点着引线，朝狗洞塞去，"轰"的一声，楼上队员见势丢下四五个火药包，打得敌人狼狈而逃。

  战斗整整持续了一整天，到第二天凌晨四点，茶活开始下起倾盆大雨，整个山村烟雨蒙蒙。炮楼漏水，战士们的衣服都淋湿了。为防止敌人偷袭进犯，黄区长命令各楼层挂起照明马灯。果不其然，几十个敌人，端着机枪，在烟雨的掩护下，向炮楼步步逼近。领头的敌人喊道："楼上的共匪快出来投降，再对抗，我们开炮啦！"敌人还没喊完，邝天鸿便用火粉铳朝敌人射去，敌人再次被打退回去。远处的敌人头目恼怒了，命令炮兵盲目打炮，一发炮弹落入楼板，掉在战士们的中间，共产党员刘昌祥不顾个人安危抱起炮弹朝窗外扔去，幸亏是个哑弹，没有带来危险。大雨日夜不停地下着，火药被淋湿，大部分已不能用，子弹也所剩不多，厨房也被炸得倾斜欲倒。连做饭烧水都变得异常困难，战士们已把个人生死置之度外，时刻准备着与炮楼共存亡。黄区长命人把一面犁头旗挂在炮楼外，钟维四、刘石金两个人轮流着向山上喊话，向敌人宣传政治思想。

　　在第三天中午，雨终于停了，敌人又开始向炮楼放炮，多次炮击下炮楼已开始出现裂痕，我方的子弹也所剩不多了，在如此危急的情况下，炮楼随时会倒塌，徐瑞祥焦急地说："群众快出去！"可是谁也不愿意离开。此时黄青鼎命令道："宝才，你是兴龙县游击队员，又是本地人，情况熟，由你带群众出去，敌人可能要收买人心，不一定会把群众都杀掉。"宝才不愿意离去，黄区长呵斥宝才道："这是党给你的任务，快行动！"钟宝才想再开口，可区政人员已推开大门把他和十三个男女群众推出了门外。敌人听到开门声，停止了射击，嚷道："共匪开门投降啦！""缴枪不杀！"边叫边向炮楼逼近。

　　留守炮楼的十八名区乡干部、赤卫队员、群众，用最后几发子弹歼灭了三个敌人，便用煤油泼洒在楼板、棉胎、衣物、柴草上和每个人的身上，誓死与炮楼同存亡，点燃火把，唱着悲壮的烈歌。熊熊烈火，歌声响彻整个山村。

　　为了伟大的无产阶级革命事业，十八英烈就这样在烈火中牺牲了。炮楼浓烟滚滚,大火熊熊,照亮了整个山村,也照亮了革命战士前行的路。山河悲泣,十八英烈的英勇事迹将永远铭记于人们的心中。

(资料来源:龙川县委、龙川县人民政府1991年出版的《龙川英烈》)

参考文献

[1] 政协龙川县文史资料研究委员会. 龙川文史（第1—27辑）[M]. [出版者不祥]，1999.

[2] 中共龙川县委员会，龙川县人民政府. 龙川英烈[M]. [出版者不祥]，1999.

[3] 曾锦初，何福添. 古邑龙川[M]. [出版者不祥]，1998年.

[4] 龙川县地方志编纂委员会. 龙川县志[M]. 广州：广东人民出版社，1993.